天命所歸

你要認命、順命或逆命？

了無居士◎著

【自序】還在盲驢拉磨嗎？

了無居士

我把近三年來在命理探討上做的一些思考以雜文的方式呈現出來，由於篇幅浩瀚，內容十分龐雜，稍做整理後終於化為此書。許多朋友認為我板起臉孔寫的說理文章不但讀來聱牙詰屈，而且害人腸胃不適，我立刻從善如流；在觀念的表達上，雜文確實比論文親切，像極了秋天午後幾個鄉親坐在榕樹下泡茶啃花生，閒話桑麻。

我在報紙、網路上卯起勁來寫稿，立意雖佳，卻不一定獲得共鳴，前天有個朋友告訴我說：「阮阿伯是個老江湖，十九歲學算命，學盡各種門派的伎倆，替人算命的時間超過六十年，論資歷，你連替他拿皮包的資格都沒有。他除了寫命狀、畫符咒、取婚課之外，論斷吉凶概以口述爲準，他說，玄學思想是不能形諸於筆墨的，使用文字揭示出來的道理沒有價值，笨蛋才會做。」他的話著實讓我驚悚萬分；此公果然發揮孔子「述而不作」的精神，卻對別人的研究嗤之以鼻，那種心態我們當然可以理解。五術這個行業一直奉行薑是老的辣，老江湖閱人無數，經驗豐富，加上台灣社會環境特殊，讓他們有倚老賣老的機會，一點都不足爲奇。

有線電視的算命節目極少談論八字或命盤，大概因爲命理比較繁複，無法驟下一個結論，萬一說理不清，當場獻醜，就會下不了台；偶爾有人貼出八字，卻是滿紙神煞，江湖術語充斥，簡直不忍卒聞。我深入其境後，發覺命理根本就不是什麼精密的程式，最多只是一種粗糙的統計方式，卻有許多人期待它是嚴謹的、萬能的，因此才有那些五花八門、千奇百怪的訣法出現，仔細思索後，果然嘆爲觀止。

若只想賺錢買米下鍋，所有的研究都將大轉彎，一概在「準」字上發揮，從此步入歧途；「準」好像孫悟空頭上的金箍圈，更像密宗的禁咒，據我研究，算命根本不可能準；算命先生好像氣象預報員，預知一週之內氣象變化的軌跡，民眾不會拍案叫絕說：「那個預報員好準喔！他說颱風會來，果然就來了。」斷準一事成敗或吉凶困難度很高，究竟多高，沒有人統計，當然不得而知。舉個實例，算命大師算出老張「同胞四人、他排行第二，有個姊姊不幸夭折」，劉小姐「結婚兩次，現在的丈夫生肖屬猴，經營一家KTV」，小陳「上個月發生車禍，頭破血流，目前躺在醫院裏唉啊唉啊」；這些事項本不該準也不可能準，因爲都是特性，只降臨於少數人身上而不發生在所有同命者身上，其理甚明；現在假設有個大師使用八字（或斗數）推論出來，那表示什麼結論，知道嗎？答案是「同命者一律發生那些事故」。有些大師辯說，算命要是不準，也就是算命先生不在準上計較，算命將頓失所依，生意也立刻受到傷害，他們確實有此顧慮；不過算命要準，坦白說必須拜太上老君爲師。

最近一段時日，我忽然擁有許多閒情逸致，得以思考命理結構方面的問題，思考之餘，當然要做一點事，我希望把祿命觀與推論技術建立起來，因爲沒有別的事比這些更重要，然後才能奢談其他；我也確信，觀念繼續迂腐，技術依然老舊，在特殊的吉凶與神煞中盤桓，將永遠看不到明天。

有些大師認爲我在危言聳聽，故意抹煞別人的成就，君子不爲也；他們辯說：「每一本命書早就記載了推論的方法，有些還成爲金科玉律，例如《滴天髓》說『有病方為貴，無傷不足奇』、『傷官見官，為害百端』；《三命通會》卷七記載了大量的論斷經驗，例如『身坐比肩成比局，當為幾度新郎』、『馬頭帶箭，生於秦而死於楚；馬後加鞭，朝乎北而暮乎南』、『甲曲直丙炎上，官高剋妻而不富』，每條幾乎都可以成爲祕訣。」不過將那些祕訣背得滾瓜爛熟，照樣不會算命，因爲那是一些殘篇斷簡，case by case，而非通例，因此沒有宣傳中那些效果，自不待言。

推論時經常遭遇的困境多數是非人爲，亦即與個人的功力無關，而涉及命理本身無法逾越的極致，迄今爲止，完全無力克服；有人問道：「隨著科技文明的進步，例如基因圖譜建立完成、奈米普遍運用以及相對論與量子論的統合，有朝一日，命理能夠突破目前的困境，揭發包括非意志事項在內的所有命運現象嗎？」祿命式受到結構的限制，這個限制來自時間（生辰）全無招架的餘地，除非我們另外設計一套程式，不採生辰而改用其他的方式探討命運，否則上述難題依舊解決不了。「假設我們眞的另外設計了一套程式，那是什麼東東？」抱歉，這種事我從來不敢想像。

從正統的命理中既然探討無方，有些人難免異想天開，例如一個朋友提議說：「我有個瘋狂的意見，不知可不可行？我們在八字或斗數中加上五行易、奇門遁甲、風水、塔羅牌、姓名學等等，類似台灣盛行的術數合參，由於有諸多的術數協助，成爲一種雞尾酒命理，終於能夠突破目前的困境，進入一個空前未有的境界。」

我說：「瞅罔睏，麥罕眠。這種方法等於把牛羊豬狗、雞鴨魚肉放在一個鍋子裏煮，那種菜能吃嗎？無論八字或者斗數，結構都是封閉的，絕不允許任何外境條件的介入，譬如閣下取來祖墳的坐向、目前從事的行業的屬性，請問將如何處置？」他說：「我的意思是，除算命外，占個卦、算算姓名筆劃，行有餘力再查個風水，也許就圓滿了。」會圓滿才怪！

❖

書中的敘述仍不脫主觀的意見陳述，但是儘量提示八字或命盤以資佐證，以免落入空口說白話的窠臼；所有的命例都經過反覆辯正，並將推論的方法公諸於眾，給識者公評，我始終確定眞理是愈辯愈明的。有個大師慨然指出：「我認爲你的行爲只是嘩眾取寵，志在騙取版稅；我的推算是對是錯，我自己負責，犯不著你們這些外人操心。」這種觀念當然是反智的，卻充斥於江湖算命階層，對我而言早已見怪不怪了。

作爲觀測命運的工具，命理從來不敢窺探所有的命運現象，而是一些吉光片羽。最近遇到一個朋友，他問我一個看似膚淺卻又發人深省的問題：「命運眞的存在，或只是你自己的想像？假設它是存在的，那麼它平常存放在哪？」有個答案保證把質問者氣死，就是反詰道：「你常對太太子女說你愛他們，那個愛藏在哪裏？」因爲愛恨情仇無一不是命運的內涵。某學者也質疑道：「假設命運確實存在，你如何證明它們能被觀測出來，你的推論可信（客觀）嗎？請提出你的論證。」我一旦無力證明，他們立刻露出鄙夷的神情說：「看見沒有，連了無都說不出來，可見命運之說是虛妄的。」當我無力證明萬有引力的公式時，難道就沒有引力嗎？

每個問題不但犀利無比，而且直指祿命的核心，探討命運之前，首先就要思考這些問題，等問題解決了，才能繼續邁進，否則無論研究多少年（例如自詡算命五十載，功力已經登峰造極），依我看形同盲驢拉磨，自以為日進千里，其實還在原地踏步。

天命所歸

讀過《推背圖》的人很多，
讀過朱翔清文章的人卻很少，
民眾談到該書總是眉飛色舞，
一旦觸及辨正的問題就索然無味了，
咸認那是學術殿堂裏面的事，
與市井小民的閱讀習慣無關；
我想，問題的癥結也許就在此。

一九九九年出版的《今週刊》內有一篇文章指出，「天命將歸於馬英九」，當時馬英九剛當選台北市長，英姿煥發，儼然是一顆熠熠發亮的明日之星。該文指出，馬先生已獲玉皇大帝的玉敕，即將代天巡狩，成爲二十一世紀的民族救星。

「馬市長獲得天命的授與，如何證明？」答案就寫在《推背圖》第四十四象內，換句話說，此事早在一千四百年前就被預定了，預言之妙，無與倫比。

何謂「天命」？顧名思義，秉持著上天的意志，也就是玉皇大帝的諭令，然後代天巡狩，等於三十三天派駐人間的首席使者。在「君權神授」的時代，那是一種特殊的認可，唯有在靈霄寶殿的指定下，才能取得正朔，成爲獨一無二的統治者；這種觀念流傳三千年，迄今仍被人傳誦著。在封建社會中，君權概由天帝授予，皇帝只是人間帝王，仍要聽命於玉皇大帝。不過有一事仔細思索，感覺十分微妙，如此重大之事居然不派天神或天使親自下佈達，而利用一本預言古籍加以宣告，通嗎？該書萬一被人焚毀或絕版了，馬市長豈不失去成爲民族救星的機會！我想，任何人只要腦筋清楚，略微思索，立刻知道那是怎麼一回事。

《推背圖》據傳由唐朝欽天監李淳風、袁天罡合著，欽天監有如現代的天文台職員，他們的頂頭上司叫欽天監正，大約只有七品官銜，職位並非很高；欽天監的任務編制是撰造曆法、解釋天文現象以及替皇室挑選祭祀的吉時良辰。該書共計收錄了六十個圖象，每象均由一個圖、一首讖和一句頌組成，預言了唐朝以後各個王朝的更替或重大事件的發生，據說每有奇中，因而得以傳世；其中第四十四象的圖是兩人一坐一立，立者揹了一支弓，讖則說：

日月麗天，
群陰懾服；
百靈來朝，
雙羽四足。

歷代以來，許多預言家無不費盡心力，試圖解開六十個圖讖的謎底，蓋謎底一解開，等於知道玉皇大帝在想什麼；不過解開謎底，談何容易，例如該頌說：

「中國而今有聖人，雖非豪傑也周成，四夷重譯稱天子，否極泰來九國春。」無論讖或者頌，都是晦暗難明，不知在述說什麼。即使如此，那篇文章的作者天縱英明，他一眼就看出武士身上揹的弓，像極了台灣的地形，因此確定講的就是台灣的命運；因爲「四足」爲馬，「雙羽」爲鷹（英），加上「九國春」的九，就是在暗示「馬英九」。荒唐一至於此，居然有人相信，也是怪哉！其實羊豬有四蹄，牛馬也有；鶯燕麻雀都有雙羽，雞鴨鵝好像也有，因此你愛怎麼套就怎麼套，沒有人會攔你。

據我觀察，這種亂搭的現象無獨有偶，與第四十象堪稱大哥二哥麻子哥。許多朋友猶記得九〇年代的三月政爭，當時就有人翻開《推背圖》，找出「若逢木子冰霜渙」這個句子，表明大位終將歸於「李煥」；事過境遷，證明那個推論是錯誤的。

《推背圖》出版後，人人爭讀，一時洛陽紙貴，當年並無著作權的概念，否則李袁二人憑著鉅額版稅就可致富；站在統治者的立場，也許就另當別論了，因爲當全天下的人都能預測何時改朝換代、誰將取得正朔時，這樣的國本就非動搖不可。宋太祖趙匡胤覺得事態嚴重，立刻下令查禁，說時遲那時快，旁邊閃出一個大臣（好像就是「半部論語治天下」的宰相趙普）上前奏曰：「俗話說得好，私鹽最好賣，書一禁就會轉入地下，反而流通更廣，皇上將白費心思。」太祖問：「好吧！那你說說看，我們該採取什麼方針？」大臣於是說了兩個字：「造假！」太祖問：「如何造？又如何假？」大臣說，很簡單，由公家機關出面發行不同的版本，將那些圖讖前後對調，來個眞僞莫辨。這個辦法似乎不錯，宋太祖接受了；他問：「造多少？」大臣說：「一百本。」太祖思考一下，准其所奏；圖讖全被弄亂了，假假眞眞，每個人都在問：「哪個才是眞品？」由於沒有人說得出來，果然不再瘋狂。此事記在清朝文士朱翔清的《埋憂續記》中，他的記載絕非無的放矢，因爲我手中就有兩個不同的版本。

《推背圖》出版後並未引起注意，到宋朝以後才終於盛行，原因何在，不得而知。有人質疑道：「唐初距今一千四百年，在這個時間長河中，必有一些高人提出註解、增刪或其他的動作，我們又如何證明是否被人動了手腳？」檢證的方法並不困難，只要蒐集坊間流通的版本逐一比對，眞僞立現。

我們姑舉第四十四象爲例，兩個版本的差異至爲明顯，其中的一個圖像改成一個迴廊，兩根柱子，一根攀龍，一根攀蛇，然後詩曰：「陰陽中道，教化以正，大地龍蛇，卓然興盛。」詩依舊曖昧，費人猜疑。後代有人（可能是清朝文士金聖嘆）提出了一些說明：「好人獨占世間福，手執干戈如破竹，黃藍黑白悉顯明，東西南北穀全熟。」仔細推敲後，仍覺霧煞煞。從文字結構看，這些版本相當粗俗，也許就是僞造的；不過誰又能證明原先的哪個是正本？

讀過《推背圖》的人很多，讀過朱翊清文章的人卻很少，因此民眾談到該書的預言總是眉飛色舞，一旦觸及辨正的問題就索然無味了，咸認那是學術殿堂裏面的事，與市井小民的閱讀習慣無關，問題的癥結也許就在此。最近遇到一個精研神祕之學的朋友，他認爲《推背圖》絕對眞實，他發表過幾篇探討古代預知學的文章，堪稱篇篇精采；他說，有些圖讖確實是被掉包了，不過目前通行的版本算是難得的眞本，至少在台灣存在的問題上，那些圖讖幾乎都是神準，舉個例據說，第三十九象「鳥無足，山有月，旭日升，人都哭」，那是在預言台灣光復（不過他沒有說明「人都哭」究竟何義）。近年來引起諸多爭議的要算第四十象，其頌如下：

一二三四，
無土有主；
小小天罡，
垂拱而治。

這個頌詞看似簡單，其實非常繁複，幾乎所有的人都在問：「此文語意含糊，好像一個謎題，究竟在講蝦米碗糕？」坦白說除了李袁二人之外，誰又知道（我始終不認爲李袁也知道）？

那個朋友力排眾議，指出那是在預言台灣的前途，所謂一二三四，講的就是總統的人數。他說：「經過四位總統之後，台灣就沒有獨立自主的總統了。」一

第四十象 癸卯 ䷑ 巽下艮上 蠱

讖曰

一二三四。無土有主。

小小天罡。垂拱而治。

頌曰

一口東來氣太驕。脚下無履首無毛。

若逢木子冰霜渙。生我者猴死我雕。

第四十解

飛鳥無足 美人如玉

轟然一響 旭日焚木

斷曰

一口東來氣太驕

脚中無屨首無毛

若逢甲乙星霜換

生我者猴死我雕

祁道人曰。無足之鳥。謂飛機也。美人如玉。謂美國人放原子彈于日土。寧爲玉碎也。轟然一響。原子彈炸裂也。日本敗於公曆一九四五年。正民國三十四年乙酉七月。七月干支爲甲申。是乙年甲月也。甲乙屬木。

＊上述兩圖都是第四十象，不但圖像不同，說明文字（讖曰與斷曰）也是出入極大，顯示這是兩種不同的版本、不同的傑作；由此證明《推背圖》在唐朝以後確實曾被人動過手脚，再也不是原味了。

個朋友答說：「為什麼沒有總統？因為往後就只有台灣特首呀！」

「你的算數不及格。」我說：「台灣不止有四位總統，從蔣介石、蔣經國、嚴家淦、李登輝到陳水扁，是五不是四！」

他只想一秒鐘就答道：「我說的其實不算錯，因為到李登輝為止都是國民黨主政，那是威權時代殘留的勢力，確實只有四人。該頌講的是陳水扁主政之後的實況，從此刻起，台灣才算眞正邁向民主法治的社會，陳水扁不算他們其中之一。不過好像也可以這樣說，那是從陳水扁起算，經歷四任總統後就沒有啦！」他果然拗得很好；其實所有的預言書籍都說，那是在預知台灣的總統人數。

「小小天罡是啥？垂拱而治又是啥？」

「我就算知道，也不告訴你。」

假設時間退回一百年（清光緒年間），誰都搞不清楚那是在暗示什麼，當時台灣被滿清割讓給日本，此事若能預知，絕對是個神仙。我讀過許多研究《推背圖》的文字或專書，均未解釋這個疑點，證明有打馬虎眼之嫌。其實只要打開各個版本，那些差異無所遁形。一些朋友問道：「原始《推背圖》又是如何記載的？假設我們找到一本原版，裏面的預言就一定正確嗎？」大哉問也！這個問題誰也無法作答，最後大概只有把李淳風、袁天罡從墳墓中叫醒，親自探詢了。

我提出朱翔清的文章證明《推背圖》的預言是無稽的，朋友多半沒聽說過，更遑論讀過。有個朋友就如此質問：「該書提到台灣的命運，尤其涉及政壇那些明日之星的崛起與殞落，令人嘖嘖稱奇；若是無稽，爲何還會神準？」

我說：「剛才說過，那些圖讖已被掉過包，那麼所謂台灣的命運、民族救星云云，證實都是勉強湊合，一個事後諸葛亮罷了。當然啦，後世學者探討這類圖讖時，沒有人肯承認此事的荒謬性，否則就會自打嘴巴，他們才不幹呢！」

他聽得一臉茫然，一直在嘟囔著：「哪也按呢生？」

道理其實不難，我說：「我們生長在台灣，自然把台灣的歷史文化、地理環境以及社會治亂這些事項無限上綱，膨脹到足以跟世界並駕齊驅，就像三百年前的人把地球當作宇宙的中心那樣；我在猜想，雲南大理國、蒙古共和國以及西域那些早已灰飛湮滅的小國，若知此書，他們的學者或術士也會找出符合自己國家民族的預言圖讖，然後詔告天下。」

在唐朝那個年代，沒有人知道台灣，因爲當時尚無「台灣」這個地理名詞，既然如此，長安城那兩個欽天監（李淳風、袁天罡）居然預知了一千三百年後不但有個台灣，而且發生百日政爭、全民選舉總統，這不是太詭異了嗎？

我問：「當年鮮卑、回紇、高昌這些西域國家每個都比台灣大，居然無一圖一讖提及，爲什麼？」

他說：「你問我等於問道於盲；你應該親自探詢李淳風或袁天罡。」

命運的軌跡

八字使用太陽過宮，
以日干為我，
其餘七字為環境，
發展出一套論命程式，
迄今沿用了一千年；
斗數根據月亮照在某個時刻，
定出命宮的位置，
據此觀測命運發展的軌跡，
同樣都是千年的歷史陳跡。

「顧名思義，改運就是改變既定命運的軌跡，軌跡一旦改變，則該發生的不發生，不該發生的即刻發生；前者約指厄運而言，後者約指好運而言，若非如此，那就犯不著多此一舉了……」

秋冬之際的一個午後，我與兩名大師坐在公園邊一家庭園茶屋內，隔著亮麗的落地窗，品嚐著那年採收的春茶。俗話說，「三個屠夫談豬，三個女人談丈夫」，那麼三個命理研究者該談什麼？當然是一些命理掌故、算命軼聞了。他們兩人家學淵源，其中老顏目前還是占驗派第十七代掌門人，我問他：「你這個掌門人是如何獲得的？天啓嗎？或由張道陵天師指定的？」他苦笑一聲：「歹勢，是我自己封的，這個社會本就如此，你不弄個頭銜唬唬人，誰鳥你！電視上不是有個高中畢業生冒充教授嗎？我本來也想自稱博士，但想起我唸的書不多，萬一被人考倒了，面子掛不住，只好打消。」

大師老陳正襟危坐，緩緩端起購自巴黎的高級瓷杯，啜飲杯中的黃褐色飲料後，舒了一口氣：「我寧願喝一泡普洱；這種不知名的黃色飲料看起來像極了洗澡水，我實在喝不慣。」我問：「換一泡薰衣草或陽光海岸如何？」

「算啦，過分挑剔，說不定連白開水都沒得喝！……我十九歲開始學法，二十七歲那年跑到四川峨嵋山，在山麓徘徊了兩月之後，有幸遇到一個老道，他是峨嵋山棄絕道長的嫡傳弟子，功力爐火純青，段數登峰造極，過去未來，掐指一算，無不了然於胸。」老陳舒了一口氣後，娓娓道出他的奇遇：「我糾纏他三天三夜後，他終於屈服，當場授我無上心法，透過這些先天祕笈，從此掌握了命運的興衰，所有推論，無不如響斯應。」

透析命運的內涵本來就是艱鉅的工程，我們浸淫於此二十幾個年頭了，迄今依舊懵懂；我對老顏說：「那些所謂的心法，若非透過檢證而得，最多只是一種私見。」

他說：「私見又怎樣？老莊、孔孟思想還不都是私見，卻影響華人世界兩千五百年，你的書能影響台灣人五十年，就算通天了。」

我說：「不錯。」

他於是語重心長地說：「先天既定，後天無力改變，誰敢說他能夠改命，非妖即妄；運呢？運是活動的、不確定的，因此各人可以根據他的意願加以改變，這種例子多如牛毛，要不要我舉幾個給你瞧瞧？」

我說，不必了。

許多大師堅持命運是可以改變的，理由自然十分紮實，例如老陳就有他的特殊見解：「後天運程顯示一個人在某個階段的起伏狀況，我明年起交入新的大限，這步新限財宮化忌，那麼我註定破財，這個破財的誘導若是命定，就算請來一流精算師坐鎮，也是枉然，因爲命運的軌跡沒有人能夠改變。當然啦，此時透過法師作法、向神明祈禳，甚至經由生基後世補此世的作用，將化忌的痕跡抹去，往後十年，完全感覺不到破財的效應。」

這種說法固然言之成理，但也未免讓人感覺匪夷所思。

假設有兩條線垂直相交，直的（y線）象徵空間，横的（x線）象徵時間，這個時空交叉點在祿命式中不妨稱爲生辰，其中時間指誕生時刻，空間指出生地點；總而言之，時空交叉之點就是命運的座標。

八字使用太陽過宮，例如太陽進入白羊宮爲立春，也是一年的起始（寅月）；八字論命概以日干爲我，其餘七字爲環境，包括了人事物，從此發展出一套論命程式。斗數就更清楚了，月亮照在某個時刻，這是命宮的位置，以此爲軸心觀測一生命運發展的軌跡。假設我們將座標放大，軸心就是命宮，斗數論命的樞紐，由此感受生命中的悲歡離合；隨後安置事業、財物、人際關係以及六親宮位等等，從中檢證其他人事物相處的得失狀況。

那麼從交叉點中間（夾角）延伸出去的一條線，就是所謂的運，這條線起伏不一，有人呈拋物線式，有人作階梯式，有人平鋪直敘，有人激起陣陣漣漪，不一而足；可以確定的是，不太可能呈直線發展，因爲迄今沒有一個人的人生能夠如此平順。

由此觀之，誰想改變命運的軌跡，他必須回到從前（出生點），挪動那個軸心；軸心動了，命運的軌跡自然跟著動。我說：「想想看，回到出生點這件事必須可行，否則任何想像都是妄想，對不對？」詎料兩名大師均持相反的意見，老顏說：「命理使用的時間是固定的，六十年一個輪迴，這表示六十年前與六十年

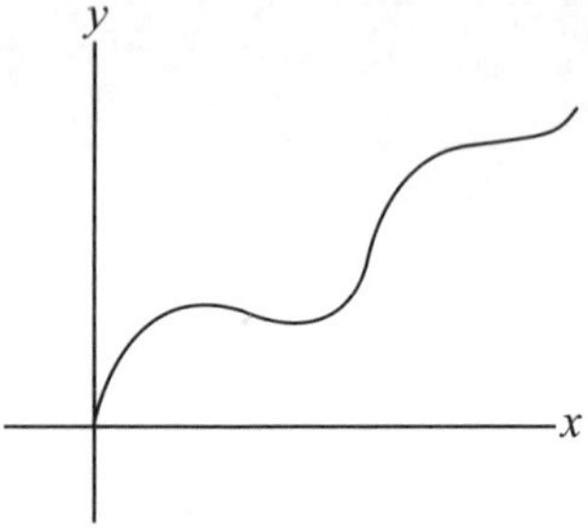

圖一：殺破狼的生長曲線呈拋物線狀。

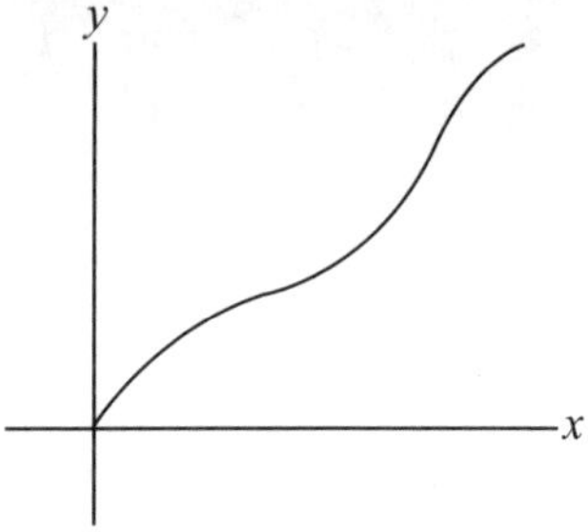

圖二：紫府廉武相的生長曲線呈緩慢拋物線狀。

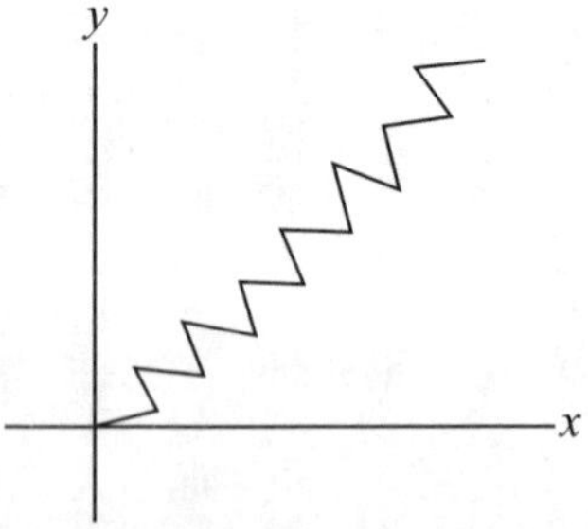

圖三：巨日的生長曲線呈急促階梯狀。

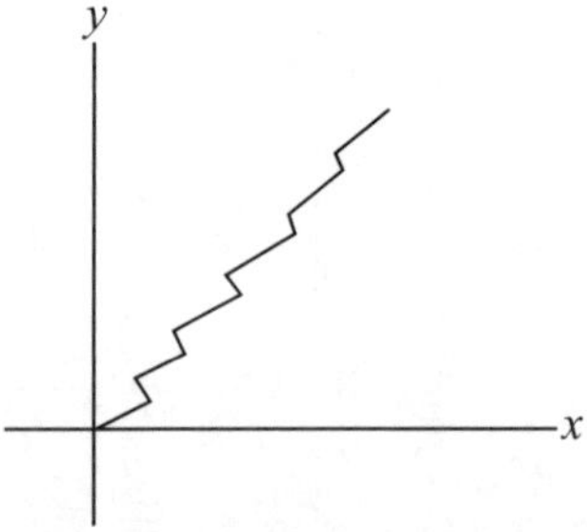

圖四：機月同梁的生長曲線呈緩慢階梯狀。

附註：上述諸狀僅就星群組合而言，加上六吉六煞後，將有增強（加煞增強）或減弱（加吉減弱）之象，則又有另一番情況。

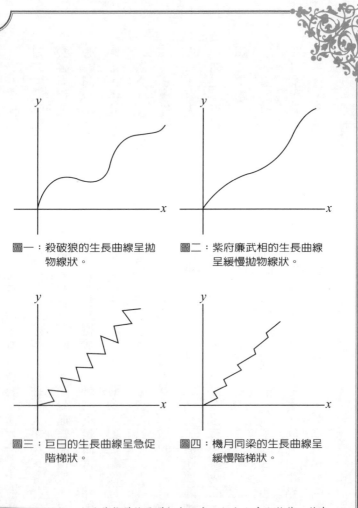

後的人的命運架構是一樣的；既然如此，等於前後兩個八字顯示的人生軌跡毫無二致，這種說詞乍聽即知不通。」

好萊塢電影《回到未來》中，瘋狂的老教授與憨直的年輕人駕著時光機器穿梭於過去、未來之間毫無障礙，好像開車來去高雄、台中那麼輕鬆；天文學家指出，從地球到銀河系某個星座例如仙女座，距離動輒以百萬光年計算，光每秒走三十萬公里，一百萬光年究竟多遠，實在無法想像，因此穿越時空首先要有時空轉換（蟲洞）的觀念，這是目前科技的大難題，也是永遠克服不了的困境。在台灣社會中，童乩、法師、尪姨、道姑以及江湖術士自稱擁有天賦異稟，能夠飛天鑽地，甚至還像包青天那樣日審陽、夜審陰，你就知道那是怎麼回事了。

❖

最近有個朋友投資法拍屋，他先將房子買下來，稍做整修後高價脫售，利潤高達四成以上；算命大師警告說現在「流年不利」，賺錢困難，賠錢有份，他二話不說，立刻打消念頭。大師指出這就是改運的功德，效果是正面的，意義也是正面的，因此不能一筆抹煞：「顧客聽了我的話，免於破財的危機，從此改霉運爲吉祥，往後的人生就篤定了。」我說：「那只是一種認知，發現行爲有失，當場懸崖勒馬，生意人投資之前做好市場的評估，本來就理所當然。」

有些大師堅定地說：「既是選擇，就可能選錯，俗話說『男怕入錯行，女怕嫁錯郎』，經過我們的指導，成功率提高了（失敗率降低了），這類正面的功用值得推許。」確如所說；問題是大師做不做得到這點，尚無充分的數據加以證明。

大師的祿命觀錯誤百出，推論技術支離破碎，甚至不知命運爲何物，卻揚言能夠改變別人的命運，不是很奇怪嗎？那些大師迄今還在努力宣傳，透過作法、持咒、禳解以及宅門之內擺個魚缸、懸支洞簫等等，可望改變命運的軌跡，化解一件災難的侵襲，功用不能說不大。不過此事充滿弔詭，大師絕非慈濟功德會的會員，作法需要銀子挹注，數目還不小呢！那麼閣下花得起鈔票敦聘道教法師、風水大師改運，富貴從此綿綿無絕期；升斗小民花不起大錢，只好繼續苦哈哈兼窮兮兮，世事不公，莫此爲甚！

一名婦人踏入命相館，要求批算流年得失，大師猛瞧八字一眼，隨即鐵口直斷說：「我不管這個八字是不是妳的，我敢說這個人一生缺乏好姻緣；我直說好了，她只能與人同居或做人小老婆；妳說我算對了嗎？」婦人點點頭，表示所言不虛。

丁未
癸卯
丙戌
己亥

若照扶抑取用之法，印比有三，食傷財官有五，印星當令加權，仍然身弱，表示命運的體質攸弱，將臣服於人、屈服於環境，而只能支配一些資源。身弱者取印比爲用，後天行木火之運，助起日主，仍有興發之機。

若是江湖算命，其間的差異將有天壤之別。大師指出，寅午戌日以卯爲桃花，卯戌一合，桃花合入夫妻宮，不但自己犯桃花，連配偶也不例外。

此女食傷坐旺，食傷象徵智性的流露，這種人的才智必高，古代恰恰相反，大師咸認這種女命雖然婀娜多姿，體態嫵媚，但註定「剋夫」或「妨夫」，蓋女命以正官（不妨擴充爲官煞）看夫，食傷過旺將牽制官煞，故缺乏一個好姻緣，若非嫁人做細姨，否則就得淪落風塵。

眾所周知，婚姻成敗必與配偶的條件有關，輸入該條件，推論才算有效；如今只憑單一的八字就洩漏了成敗的天機，乍看即知無理。大師指出：「這你就有所不知了，當一個女人註定二嫁時，她就不可能一嫁或三嫁。」

術士行走江湖多年，早已練就了一套金鐘罩、鐵布衫，一瞧顧客的舉止，八成都能看出端倪；萬一斷錯了也沒關係，例如顧客說她現在婚姻幸福、家庭美滿，換成菜鳥術士，早就嚇出一身冷汗，老江湖則老神在在：「眞有這種事呀！我的推論一向不錯，我想那是妳尪庇蔭了妳，不然就是妳的陽宅落在生氣方位，讓我瞧瞧妳尪的八字……」結果不但斷錯的一筆勾消，還多算了一個命，多收一份潤金，江湖上稱此爲「落馬翻沙」。

大師指出，改運並非不可能，但方法絕非江湖術士主張的制解、祈禳或改造風水坐向，上述那些只是江湖詐術；而是必須改變思維方式與生活習慣，因爲思想觀念、思維模式就是命運的具體表現，循著牛頓第一運動定律——「靜者恆靜，動者恆動」的規則在進行。人是有惰性的，改變習性非常困難，江湖大師假藉神祕力量從外攻入，絕對無法得；改運必須內造，從內加以改善，透過意志和毅力衝破命運的藩籬，方以致之。

在封建時代，算命、看相的都叫九流術士，被知識分子鄙視，社會地位不高，他們的孩子三代不得參加科舉，比印度的賤民（untouchable）地位高不了多少，因此只能在下層社會中苟延殘喘。現在職業無分貴賤，終於鹹魚翻身，因而吸引了一些高級知識分子例如教授、博士投入，帶來百花齊放的春天，有些民眾因此視他們爲劉伯溫再世或觀世音轉世；恍惚之間，這些大師也自覺就是神仙。

最近有個朋友來訴苦說：「我事業失敗，負債累累，妻子下堂，被債權人追殺，早已走投無路了，我想找個教授大師指點迷津，瞧瞧何時得以脫離苦海？」

這種事別說那些高人束手，就算求了玉皇大帝，祂也愛莫能助。

命運的虛與幻

算命的目的志在趨吉避凶，
否則幹嘛多此一舉！
當某人被算出三個月內必見血光，
這種災厄一定降臨，
那麼我找個法師作法，
逃離這個暴風半徑，也是人之常情；
問題是哪裏找得到這種高人？
而作法之後，災厄就從此遠離嗎？

有線電視上正在討論一個熱門話題，漂亮的女主持人侃侃而談：「大官位高權重，手操生殺予奪大權，平常日理萬機，固然威風八面，但他們也是人，處事待人的過程中，許多煩惱障也在瞬間起現行，弄得惶惶然不可終日；當他們走投無路時，只好請人指點迷津，到處算命、看相、查風水甚至拜神，表示內心深處確實也有一些苦衷……。」

來賓排排坐，分別從個人的經驗、身邊之人的遭遇以及雜七夾八的道聽途說發抒高見，有的妙論堪稱字字珠璣，有的說法只是泛泛之談，眾說紛紜，莫衷一是，不過結論倒是一致，就是「壓力太大，不得不爾」。

在封建時代，統治階層高高在上，大官出門，無論騎馬或者坐轎，都有人沿途鳴鑼喝道，升斗小民、引車賣漿者飽受官府的欺壓，對做官階級既恨又愛；現在做官反而必須承受壓力，時代莫非眞的變了！其實現代社會每個行業都有強大的生存壓力，做官的壓力一部分來自民代的咄咄逼人，一部分來自同僚的勾心鬥角，因此找尋一些神祕的力量排除困境，也是人之常情。

傳統命理指出，做官需要具備「官格」——官煞坐旺或官有財生，這個官做起來自然駕輕就熟，從此平步青雲，一生宦海無波；這是典型的條件說，缺乏官星而想到公家機構任職，門都沒有。不過在八字的領域中絕非只要見官就拉倒，其中還有一些名堂在焉，例如身旺以財官為用，歡迎財官蒞臨，這種官做起來才算心安理得；相反的身弱忌見財官或傷官見官，那就非做得「氣身魯命」不可。民主時代把官員變成公僕——公眾的僕人，而不再是統治階級，無論中央大官或者地方小吏，權限受到大力壓縮，顯示今非昔比；他們一旦遭遇困境，苦無對策，找個高人逸士探詢一番，無形中也捧出一些算命明星，活躍於媒體上，無論如何，大官愛算命，屬於時勢所逼，也是一種特殊的文化景觀。

除了處心積慮求準外，算命大師還構思了一個虛幻的、理想的境界，就是所謂的「趨吉避凶」——趨向吉祥、避開災禍；在古典命理揭櫫的概念中，準與驅避就像鳥的雙翼、火車的雙軌。由於沒有人承認自己命運坎坷，迫切需要改變眼前的困境，因此預測吉凶與福禍的降臨同樣重要，屬於一千年來算命的主流價值。避禍學算是一門人生哲學，許多人當它是門社會學，在台灣卻變成命理學，台灣人在某些事項的觀點上確實與眾不同。

朋友老林在高雄市政府某局室奉公，過著朝九晚五的規律生活，是個「吃乎肥肥，格乎槌槌」型的公務員。壬午年間，他被人參了一本，有人給謝長廷市長寫黑函，揭發他包庇商人非法牟利；他辯駁無門，於是做了台灣人都會做的事：算命。他說：「我去算了八字，算命先生只瞧一眼就斷定我這個月犯小人；他說得沒錯，我被小人整慘了。」我反問道：「包庇商人、圖利他人是否事實？」他聳聳肩，笑而不答，我當然是「瞎子吃湯圓，心裏有數」；我對這種人向來不給好顏色看，我說：「那是咎由自取，怎能遷怒別人？」他思索許久，感覺被我傷害了，於是拂袖而去。

隨便翻開一本命書，照例陳列了一些推論或預測災難的命例，有些大師還歸納出一些探測災難的訣竅，特地抄錄幾則如下：

傷官旺卻無財星，久居官場必有禍，今日陞官明日死。

命弱者根基淺薄，再遇諸煞、劍鋒、血刃，必遭凶死。
劫財羊刃，最忌時逢；歲運並臨，災殃立至。
羅火剋金最凶，遇飛廉羊刃入命，必遭刑戮。

這些斷驗記錄連篇累牘，究竟如何累積的，作者不說，後人不得而知；據我所知，祿命式從幾百年前就被賦予揭示災難的重任，這也是創造的旨意之一。大師看出老林犯小人，不外乎流年遇到白虎、喪門、血刃與劫煞之類的神煞，或流年干支與日柱天剋地沖，陰煞、官符合入日柱，不然七煞剋日過烈，終將肇致災禍。任何人遇此，一旦找不到解救之神，將有重大災禍臨身，重者猝死（血光之災）、輕者坐牢（牢獄之災），千萬別等閒視之。

民初八字學者徐樂吾先生在他的著作《子平一得》提示了一個八字，生於缺乏可靠計時器的古代半夜，原本不宜當作一個論證，我們只好假定那是正確的，否則就無法討論。

戊申
癸亥
癸未
壬子

徐氏說，「癸水歸祿於子，壬水生於申、祿於亥而旺於子，顯然身旺，故取戊土做成堤防；水土俱寒，不能無丙丁調候，未中一點丁火餘氣，誠然可貴也。」

上述的「祿於亥而旺於子」是正確的，但「生於申」（申為長生）則是錯誤的；身旺取戊土做堤防是正確的，「不能無丙丁調候」則是錯誤的，因為丙丁做為喜神，志在幫官。身既旺，那麼他可在食傷生財、財生官中擇一而用；官星透出，毫無疑義地以財官為優先。

徐氏指出，「論格局，情而不情，固一尋常商賈之命；群劫爭財，丙運丁丑年，財露見劫，寧能免於災禍！」意思是說，由於「情而不情」（不知何義），他只好變成一個生意人，而無法追逐功名（社會地位）。我認為那是一種事後諸葛亮，目的在於套合既定的事蹟；財官為用者可以追逐功名，經商為業只是他的選

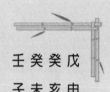

擇，故與「情而不情」無關。

丙運丁丑年的丙運應是丙寅大運，此年財露見劫，依理將有無端耗財之事發生；徐氏卻說，年干戊土制劫，不但不破，反而中航空獎券十五萬，居然有這等好事發生，豈不奇怪！

有個大師指出，群劫爭財確實是個大凶之年，也許應驗在破財，也許應驗在兄弟姊妹爭產，但還可能涉及父親的健康（偏財象徵父親，偏財被劫，父親有難）。若是如此，命理推論似乎缺乏一個定則，眞的讓人無所適從。

❖

癥結在哪？其實非常清楚，徐氏聰明一世，糊塗一時而已；我們只要問他：「中獎是個通例嗎？」就能找到答案；中獎若是一個通例，也就是從八字中看出它發展的軌跡，那麼同命者都將同時中獎。至於中獎的年份，徐氏說，「不發於丙子年而發於丁丑年，則因丑未相沖，丁火偏財氣動也」，看來仍是事後諸葛亮——已知事實，再來套命。

前段都是八字術語，一般人瞪眼如駝鈴，那是寫給專家看的，閣下若非專家，讀來有如一本有字天書；後面依舊術語連篇，讓人如墮五里霧中。有件事倒是相當清楚，此人既然中獎，必有中獎的因素在焉，那麼該因素是啥？我聽某大師說，丁丑年的丁是偏財，透出天干，將被眾劫奪去；所幸有戊制劫，不但可以免災，而且還中了大獎。此事好有一譬，某人犯下滔天大罪，初審被判死刑，二審突然情勢逆轉，不但當庭無罪開釋，而且獲得贈金一千萬元。這個戊已被癸合住了，如何伸出援手？當然啦，若要套命，又有何事不辦呢？

面對不可知的未來，一般的反應相當分歧，有人採取迂迴戰術，有人抱頭往前衝去，顯然各有各的盤算。一些朋友問道：「算命的目的就是趨吉避凶，否則我幹嘛多此一舉！我曾被算出三個月內有血光之災，這種災厄按理說一定降臨，那麼我找個法師作法，逃離這個暴風半徑，也是人之常情；問題是哪裏找得到這種高人？作法之後，災厄就從此遠離嗎？」這些問題充滿詭異，我第一次聽到。一個朋友代答說：「災難若是註定的，誰都逃不掉，不過基於個人福報不同，有些人災情慘重，粉身碎骨；有些人只受輕傷，飽受驚嚇而已。」他的說法仍然讓我心有餘悸。

幾年之前，華航班機在名古屋發生空難，死了四百多人，災情十分慘重，卻有四人死裏逃生，他們眞的獲得閻羅王特別寬延嗎？這就要親自詢問閻羅王了。每次飛機失事，苦主（死者的家屬）無不捶胸頓足說：「我家阿達仔倒了八輩子楣，才會搭上那班飛機！」這種話沒有道理，無理取鬧罷了。

命運的過程充滿不確定性，科學家指出這是一種「非線性人生」，意思是生命歷程絕非循著一條固定的軌跡在行進，而是許多偶然的結合，因而到處出現例外，人生也因此充滿驚喜，誰說他能夠預知未來，非妖即妄。例如有人剛好趕上飛機，正在那裏慶幸，半個鐘頭之後，那架飛機突然爆炸，他若死而復生，內心必然充滿疑惑；有人中了樂透一億多元，心想從此翻身了，當晚出門用餐被搶匪開了兩槍，當場橫屍街頭。

一個朋友應酬到半夜，開車上高速公路，風馳電掣，過癮極了，二十分鐘後發生車禍，當場車毀人亡。那些曾在一起狂歡的朋友幸災樂禍說：「車速如此之快，發生車禍必然九死一生，生死繫於剎那間；不過那只是一個偶然，我從來不會無故走高速公路，即使走了，也不會超速，死神找不到我。」災難屬於惡業起現行，自作自受，別人既無法改變也不能代受；但是否親臨自己的身上，我們確定沒有人能夠預測，命運的奧祕也許就在這裏。

某日，在高雄市七賢路旁巧遇失聯多年的朋友老劉，他在一家健康食品公司做傳銷，每天爲扶助下線而奔走；他強拉我到附近的冰店坐下，叫了兩碗四果牛奶冰。等待之際，他打開皮夾，從中找到一張小心折疊的A4紙張，然後推到我的面前，我定睛一瞧，那是從網路上 download 下來的命盤；我知道他的用意，趕緊揮手說：「歹勢，我們今天純吃冰，不談公事……」他見狀不妙，趕緊叫道：「老闆，再切一盤西瓜！我們是好朋友，我的事等於你的事。」我說：「那你爲什麼不說，你皮夾那些鈔票也是我的？」

他將一匙的冰送進口中，露出悲戚的神情：「我這步大限命宮坐文昌化忌，過年之前我就在想，我爲什麼這麼倒楣，偏偏坐了化忌星。上個月有個大師預言我將沾惹官訟，搞不好還得坐牢，我聽得汗毛都豎起來了；你認為我鐵定坐牢嗎？」我說：「大師既然斷你坐牢，就不可能變成易科罰金，這叫劫數難逃。」他沉默半晌，大概覺得我的話太深奧：「若是如此，我找你幹嘛？」我問：「那你找我幹嗎？我又不是觀世音菩薩，專門救苦救難。」他沒有答腔，思索許久後說：「那個大師告訴我說，我若備辦三牲酒醴前往文昌帝君廟裏拜拜，乞一些爐丹或點一盞長明燈，就能化解……。」我說：「既然如此，那就趕快去叩頭，還在這裏磨蹭幹嘛！」

老劉愣了一下，埋頭吃他的冰，半晌之後，終於招供說：「我就是不信，才來找你呀！」

果能有此認知，問題就好辦了。這步辛亥大限中天梁與文昌、天魁坐守，乍看都是吉祥如意的星曜，有些斗數大師因而拍胸脯掛保證說：「安啦，天梁是南極仙翁，文昌為天界星君，天魁則是天乙貴人，都是一些善神，將保佑你遠離災厄；就算不幸惹禍上身，也會大事化小、小事化無。」

那是樂觀的想像，而非一種實際的命理推論。

斗數論命當然不能只論命宮，否則就會見樹不見林，被識者竊笑；我們仍須顧及三方的宮位與星曜，統整之後，才能隱約觀測一些命運發展的軌跡（見047頁命盤：

㈠事業宮在卯，內無主星，輔星文曲坐守。

㈡遷移宮在巳，天同與陀羅、右弼坐守。

㈢財宮在未，太陽、太陰與擎羊坐守。

命盤所見，3/4機月同粱兼1/2的巨日，主星群相當殘破，承載力低，不卜可知；輔星見了六顆，慾望倒是無窮，與先天命格相較，明顯的是強命走弱限。即使如此，上述結構仍不涉吉凶，蓋所有的吉凶將由祿忌提示，巨門化祿於酉，這是夫妻宮，文昌化忌於亥，這是命宮，吉凶必降臨於此。

「三十五歲以後的十年，我將歸絢爛於平淡嗎？」

「不錯，那是目前經歷的心理狀態，一種內心世界的想像；任何人處在柔性

天同 陀羅 右弼 乙巳	武曲 天府 丙午	太陽 太陰 擎羊 丁未	貪狼 火星 戊申 先天命宮
破軍 甲辰	丁未年六月×日亥時 男命 土五局		天機 巨門 天鉞 左輔 鈴星 己酉
文曲 癸卯			紫微 天相 地劫 庚戌
廉貞 壬寅	癸丑	七殺 地空 壬子	天梁 文昌 天魁 辛亥 大限命宮

先天命宮火貪成格，乍看之下，覺得這種命格不錯，從事波動行業，迅速獲致佳績。外在三方除事業宮見地空外，幾乎不著一顆輔星，這種人在財物的支配以及人際關係的互動上均缺乏一些動力、一些企圖心，意味著他的成就不會太優異。

既然如此，做傳銷也能得心應手嗎？當然不可能讓他太如意。

運程中，依例只能在安定中求進步，想要躐等，必有困難。」

「網路上刊載的命盤都擠滿了各式各樣星辰，包括紅鸞天喜、三台八座、孤辰寡宿、龍池鳳閣、喪門弔客等等，高達百顆之多，你只排那幾顆就想算命，我有點懷疑……」

我們只用二十六顆，包括主星十四、輔星十二（六吉、六煞），加上祿忌，如此而已；我也常說，當有人證明二十五顆星就能算命，我立刻放棄那一顆。所謂經濟效益，就是花費最少的代價，獲致最高的報酬。

事業宮（在卯）無主星，三十五歲以後事業心疲軟，因爲缺乏鬥志而只能隨波逐流，最好以不變應萬變，才能篤定。老劉說：「我想改行做汽車推銷，聽說很好賺，我一個朋友月入三十幾萬，你看我有這個命嗎？」此刻改行，呼應了命中的弱勢，往後將如癩蛤蟆淘井，愈淘愈深，終至無法自拔，除非改做一些比較穩當的行業，例如門市生意。

我說：「大限只看兩事，一是祿忌重新調整後的吉凶位置，二是此去十年氣勢的強弱；老兄目前處於弱勢之中，凡事只能按部就班，一步一腳印。不過命宮坐忌的人心神不定，做事容易不計後果，此刻換業，可能愈換愈糟。」老劉說：「羊陀從外射入，不死也剩半條命，偏偏遇上文昌忌的牽引，簡直船破又遇打頭風，那個大師預言我將因偽造文書而被起訴，判處兩年半有期徒刑；你看他的話會準嗎？」我說：「我怎麼知道！坐牢若是真的，那也是一種災難，須知所有的災難均不寫在命盤上，切勿弄錯了方向。」

告辭之前，他悄聲問道：「巨門化祿於夫妻宮，顯示我將外遇、離婚、遭遇色難？或者我太太紅杏出牆，給我戴綠帽子？」我笑道：「我不是神仙，無法鐵口直斷；我只能如理析論，此去十年，你老兄將把重心放在婚姻的維護上，希望營造一個幸福家庭，此外無他。」

民雄瞎眼大師獨霸台灣算命界五十年，閱人無數，也賺錢無數，他既算命又改運，許多自認命運坎坷的人都被他改過，似乎都獲得意想不到的效果。他卻未曾想過，運若能改變，何不自己動手，也許不可能改變瞎眼的命運，但是改個郭台銘、林百里的運，年收百億，還要辛苦算命嗎？

這個道理十分淺白，一聽即通，有人偏偏不通，豈不怪哉！例如一個朋友辯說：「玄學思想、宗教信仰絕非世間學問所能比擬，前者屬於哲學的範疇，後者屬於信仰的範疇，也許相即，也許相離，關係雖然撲朔迷離，相信很快就會找到一個平衡點；你計較那麼多，就會自尋煩惱。」

我這個人生性九怪，就愛在雞蛋裏挑骨頭。

從比較宗教學的層次看，情況就有點特殊了。朋友說：「基督教聖經上說，『不可以質疑你的神』，民間信仰有個特色，只要誠心誠意祈求，神自會賜福給你，一旦對神起疑心，表示你這個人孺子不可教，神明放牛吃草，讓你自生自滅。」此事充滿迷信偏執的意味，簡直讓人無法消受；你若問他：「按老兄之見，恍惚間誤以為我們處於宋朝以前的社會，豈不悲哉！」朋友臉色沉重，沒有答腔；換成一般的信眾，他們也許就會自找階梯下：「我不管靈驗與不靈驗，至少在這段期間內，我內心紮實，不再徬徨，就算功德一件。」而童乩、桌頭或廟祝當然也非省油燈，他們在旁邊幫腔說：「我們的神明領有天命，奉旨下來救苦救難，向祂祈福準沒錯。」天命用在此地，果然十分精準，信徒堅持此一信念，廟方也以此敬告信眾，拜神、算命，固同一理路也。

古往今來，所有的災難都只降臨於少數人的身上，尚無例外（從無某個時辰誕生的人全部死於空難、車禍或戰爭），十七世紀歐洲發生黑死病死了三千多萬人，第九世紀唐朝的黃巢一口氣殺了八百萬人，但從沒聽說某個時辰的人全部死光光；從命理的層次看，災難概屬特性，從八字或斗數「有看沒有到」，這是命理推論的極致，沒什麼好懷疑的。

一個朋友聽後慨然指出：「我同意你的說法，災難依理不可測，誰說災難可測，非妖即妄；但是災難降臨了，命盤上就會顯示它的軌跡，知命理者循著那個軌跡走，就能發現災難發生的原因，好像一張病歷表，據此推測下次發生的時間與內容仍有一些準確度，這種道理也是通的。」依我看，他的說法仍是「高山滾鼓，噗通噗通」（不通不通）。災難既然只是一個偶然、一種意外，也就缺乏一個可資遵循甚至追蹤的軌跡，現代科技發達，連火星生態都能探測，預測災難（例如地震）依舊交了白卷，這是什麼道理？江湖算命把偶然當作必然，試圖從干支或星曜中捕捉它們的蹤影，當然白費心思。

香港有個富商王某，出身貧寒，做苦工養家活口，後來因緣際會，買賣土地兼蓋房子出售，居然累積了數億的財富，堪稱白手起家的典型；此人的八字多少有點不凡，某大師的批論堪稱精采絕倫：

癸酉
壬戌
丙寅
己亥

丙火生於戌月，戌爲火庫，火到了秋天已經休囚乏力，四柱之中唯靠日支寅木撐起場面，當然辛苦異常；天干地支全是洩秀之物，身弱無疑，毫無疑問的將以木火爲喜用。

月柱象徵父母宮，干支概爲忌神，顯示與父輩的緣分淡薄；日支寅爲印也是用神，時支亥與寅六合，表示將娶賢淑的妻子。如此論述，大原則不錯，但涉及親情緣分的部分依舊只是套命，不知那是祿命式永遠逾越不了的極致。

官煞透出，按「有官先論官」，我們比較印比與財官的勢力後，發現印比略遜財官一籌，由於日主只紮微根，因此只能用印化官，這種八字只有用神而無喜神，或說只能單採用神一種，蓋生印者官煞，身弱自無再用官煞之理。從另外的角度說，身根淺薄，福澤不厚，千萬別做非分之想；我們不妨這樣說，富貴追求到手，災難跟著降臨，兩者不曾須臾分離。

也許應驗了上述的推論，終於引起歹徒的覬覦，王某曾被綁架三次，前兩次付了巨額贖金後救回，最後一次發生於一九九〇年，兇手雖然遭到警方逮捕，肉票迄今仍生死未明。大師的說法是，此時「大運離開丁巳，來到丙辰，與提綱天剋地沖，財引鬼氣，終因錢財帶來災禍」。

大師指證歷歷，王某想要脫困，諒必難如登天。

表面上大師根據學理推論，那些名詞都是八字術語，似乎十分貼切，但依我們看，仍與眞相沒有交集。「憑什麼這樣說？」剛才說過，八字中並無推論災難的裝置，因此災難的發生及其內容必與干支的刑沖剋害無關，其理甚明。此造身弱，最怕官煞透出攻身，好像身體羸弱，又被土匪海扁一頓，簡直悽慘萬狀。一個朋友質問道：「既然身弱，爲什麼還會致富？」誰說身弱就非苦哈哈不可！

❖

世界富翁如比爾蓋茲、華倫巴菲特、王永慶及郭台銘，究竟幾個屬於身旺以食傷生財或財生官爲用的，由於無從統計，仍是一種假想；進一步說，出現特例如身弱以印比爲用，照理不該發，有人卻發得金光強強滾的情形一定不少。

「有些人原本不該富庶，卻因特殊因緣的牽引而致富，這種事可能發生嗎？」

「當然可能，例如獲得鉅額遺產、中了樂透一億美金，或在廢棄的礦坑內撿到一噸黃金；不過命理只能推論通例，同命者都會發生的事項，這是一個原則。八字也好、斗數也好，對於那些特殊案例一直都是望穿秋水。」

一個半月後，小林來電告知他被檢察官依貪瀆罪嫌起訴了。他一直不肯檢討自己的過失，而是把責任推給別人。他說：「我告訴過你我犯了小人，你偏不信，那個大師宣告我被小人狙殺，將死無葬身之地。」

命運的悖論

從行為學的角度看，
個性（習慣）影響思想觀念與處世態度，
有時還決定富貴功名的有無與多寡。
學院派的說法是，
性格反映在思想觀念與行為模式上，
自然而然影響此人的選擇和判斷，
這些都是命運的具體內容。

「命運是否眞實存在？若是存在，放在哪裏？人的思想行爲受到命運的影響成分究竟有多少，算得出來嗎？」一個朋友提出許多問題，問得我的腦筋幾乎秀逗。

我沒有及時答覆，他於是打蛇隨棍上：「……關於問題的思考與解答，歷來迭有爭論，換句話說，那是一個極大的疑惑；你說命理能夠反映一些命運的軌跡，我認爲你說過頭了，你應先證明命理的存在，然後才能奢談其他。」

這類議題具有高度爭議性，多數學命者迄今仍在質疑中——既然無力證明其眞，好像也不能證明其假，那麼只好擺著，以待高明，詎料這一擺好幾百年就過去了。有個朋友曾說：「既然不能證明命運是不存在的，表示它確實是存在的，好像我們不能證明沒有鬼，那麼一定有鬼，對不對？」應該沒有這種說法，在方法學上這是一種「悖論」，橫出橫入的意思；不過也有人說：「命運之論原本就非實在之論，而是向壁虛構，以便借假練眞，在我看來，那不過是在暗屋中找尋一隻根本不存在的黑貓。」

我也經常遇到這種場面，幾個朋友正在熱烈討論命運得失，立刻有人跳出來對天發誓說：「我這個人沒什麼優點，就是腳踏實地，甘願流血流汗，終於稍有成就，坦白說我今天擁有的都是我打拚而來，命運是蝦米芋仔蕃薯，我一無所知，也不想知道。」他說得口沫橫飛，在場的人都噤若寒蟬。有些朋友殷切告誡我說：「你們吃飽飯無所事事，整天談論那些縹緲虛無的命運，不但違逆孔夫子『不語怪力亂神』的明訓，而且不問蒼生問鬼神，也有違做人的道理……」我正想解釋，他按住我的肩膀說：「你們太迷信了，因而喪失自我評估的能力，這點我可以想像；我的經驗是，既無命、也無運，算命云云，只是無知之人用來迷惑世道人心兼逃避現實的魔術戲法，君子不為也。」

這些非理性的批判經常出現於電視節目之中或騰之於口舌之間，耳朵早已聽出老繭來了。在眾多的質疑者中，有一種人最不懷好意，也最令人感覺匪夷所思，他們詰難說：「你堅持命運是存在的，好極了，拿出來給我們瞧瞧！」如果我拿不出來，他們當場笑得前仰後合，讓我無地自容；同理，你一旦堅持有鬼，他們也會要求你抓個鬼給他們瞧瞧。

凡事涉及宗教與信仰，所有的討論立刻變得荒腔走板，你說上帝存在，他就唱反調說：「上帝若是存在的，爲什麼放任那麼多的瘟疫、飢饉、戰爭發生，莫非上帝與撒旦是一家親（一體兩面）？」一個學邏輯的朋友根據特殊的「悖論」說：「宗教家指出，上帝是萬能的（almighty God），我就是不信邪，我要請他創造一塊舉不起來的石頭——若無力創造，證明他非萬能；創造後卻舉不起來，更證明他不是萬能。」其實上帝、神明以及命運、氣勢、福報等等都像極了空氣，只能感覺或感受，又像人的愛憎之心，任憑個人去體悟，是一種純主觀意識（超覺、超感官）的認定，而非客觀存在的物質，因此使用任何的工具、儀器或程式都觀測不出；如今卻要求證明，那是打鴨子上架。

「社會學者、知識分子提出悖論加以質疑，無非是希望藉著逆向思考的方式從另外的角度重新認識命運；問題是三千年來我們習慣於單向思考，不知不覺中受到某些固有思想、錯誤的祿命觀的左右，誤以爲那是眞實的。」一個朋友如此說道：「在多元化的社會中，將有許多不同體系的價値出現，衝擊著我們根深柢固的信念，這些都是水平思考處理的領域；任何人欠缺這種認識，就會迷惑並陷入困境，對那些悖論大驚小怪。」

從行為學的角度看，個性（習慣）影響思想觀念與處世態度，有時還決定富貴功名的有無與多寡；學院派的說法是，性格反映在思想觀念與行為模式上，自然而然影響此人的選擇和判斷，這就是命運的基本性質。人生過程中，必有一些盛與衰的現象召感於內，然後形諸於外，心理學家根據這些性格的趣向描述此人的生長曲線，被認為是科學的象徵，命理學者如法炮製，卻被斥為無稽，如此差別待遇，也是怪異至極。

雖是業餘研究，這個朋友涉獵的領域甚廣，見解精闢而且超凡。他說：「假設我當年不努力讀書，鐵定考不上大學，那麼我八成會繼承祖業在鄉下耕田種菜，如此一來，耕種就是我既定的命運，不耕種而改作生意或有幸進入大學教書，則是改變命運，你幫我看看，哪個才是我眞正的命運？」

此事無論內涵或者過程都十分複雜而且玄祕，沒有人能夠答覆，若堅持非有答案不可，我建議他親自詢問註生娘娘。另外的朋友也說：「你說的那些五四三的，無一屬於傳統的命運之見，雖然有點道理，卻是一些歪理，因爲命運被你論死了，顧客找你解命指望什麼，坦白說是很悲觀的。事業一旦可以選擇，那麼我憑著專長、環境的助力或個人的喜愛選擇做某行；既爲選擇，還有命運插手的餘地嗎？這個道理你懂嗎？」

我只好供認說，我只是稍微了解一些命運的結構，不很通徹啦。

朋友於是愉快地說：「命理構造當然很複雜，因爲那是在探測一個人的生命本質與歷程，你莫非當它像一加二那麼簡單！選擇的背後必有一股力量在驅策，否則斷無如此英勇的表現；例如命中註定非選立委不可，那麼我就撩落去，自有冥冥之中的力量助我當選；我一旦反抗，將慘遭命運之神誅殺，死無葬身之地。」

我們也有同樣的疑惑，譬如怎麼確定隔壁老張註定種田而非教書？三條街外的老李註定擺攤子賣水貨而非在衛生署當差？這些事情從一開始就顯示了它的軌跡嗎？此生的成敗從何處窺探出來？如此這般，就算想要研究，也不知從何研究起。

其實命理從未規定一個人只能選擇上班而不許種田，經商只能做門市而不能做批發，因此限定身旺財官爲用者該吃頭路，而食傷生財者該做生意，絕非命理的本意；現代社會多元化，行業可以自由選擇，因此機月同梁作業務，殺破狼加煞在市政府當差，我們不能一口咬定他們逆命，派出錦衣衛押到菜市口斬了。行業的選擇概由意志行使，依據自己的專長與興趣做爲判別的基礎，就算做垮了，也能東山再起或改做他行，從八字或斗數中考察，道理沒有不同。

下列據說是乾隆時代的權臣和珅的八字，載於任鐵樵著《滴天髓闡微》書中；詳細的評註文字請閱敝著《滴天髓闡微現代評註》：

庚午
乙酉
庚午
壬午

任氏說，「庚生仲秋，支中官星三見，酉金陽刃受制，五行無土，弱可知矣；喜其時上壬水爲輔，吐其秀氣，所以聰明權勢爲最。」從「弱可知矣」得和珅將以印比爲用，既然如此，他又說「喜其時上壬水爲輔」，那就非常奇怪了。

身弱者不能任洩，故以食傷爲忌，易言之，只有身旺者才用食傷（傷官駕煞或食神制煞也用得到）；至於「吐其秀氣，所以聰明權勢爲最」，聰明也許是眞的，卻未必同時擁有權勢。

此造無印，比劫三個，食神與財官卻有五個，身弱無疑，當取印比爲用，命中有比無印，這種人只能獲得平輩的協助而無法擁有長輩的提攜，與乾隆皇帝（辛卯、丁酉、庚午、丙子）類似，兩人堪稱同病相憐。

和珅的下場悲慘，後來被嘉慶皇帝賜死，用一條白綾了斷殘生，一代貪官終於死在自己的無知與貪婪慾火之下；那麼和珅的死，與命理有關嗎？那是當然的；因此任氏說，「月干乙木透露，斂財而爭合，一生所愛者財，不知急流勇退」，似乎有些沾邊；他進一步指出，「財臨刃劫，日在官鄉，官能制刃，財必生官，官為君象，故運走庚寅，金逢絕地，官得生拱，其財乃歸官矣」，這個「財臨刃劫」指乙坐酉上，「日在官鄉」指庚坐午上，以及隨後的「運走庚寅，金逢絕地，官得生拱」等等，均非正統八字的論法，他不過是將和珅的生平事蹟套上，然後宣布大功告成。

任氏觀察了八字的生剋原理之後，忽有所悟，因而下了如下結論，「財乃害人之物，所謂欲不除，似蛾撲燈，焚身乃止；如猩嗜酒，鞭血方休，悔無及矣」；雖然句句眞實，卻不符推論的原則，因爲他在談和珅這個人而非他的八字。

和珅是乾隆皇帝的寵臣，歷史學者對他的貪污舞弊、曲意枉法的勾當，已有深刻的描述，和珅垮台後，抄家所得高達數億萬兩，抵得上一個帝國十八年的稅收，當年就有「和珅推倒，嘉慶吃飽」之說。即使如此，也比不上《乾隆王朝》、《鐵齒鋼牙紀曉嵐》這些戲劇渲染的效果，「大貪官和珅」從此在民眾的心中烙下深刻的印象。那些「聰明權勢爲最」、「官爲君象」、「其財歸官」、「似蛾撲燈，如猩嗜酒」等等無一不是量身訂做，全在和珅的生命中發揮，而非客觀地討論八字的功過。

依任氏之見，和珅之所以貪污成性，顯然係由八字干支造成，包括「乙來合庚」、「斂財爭合」等等，似乎言之成理，但要我們盡信，恐怕很難。乙來合庚，那是財來就我，而雙庚爭合一乙，可能引起財物爭奪，這種人一旦碰到財物分配，頓時形成障礙，經常處於劍拔弩張之中。

傳統命理觀念指出，身旺者以財官抑制爲先，這是第一用神，具備此一條件者福澤較厚，擁有的官爵也較高；萬一命中無官（或官藏而食傷透出），改用食傷生財，則是退而求其次以第二用神爲用，古人稱爲「假神眞用」，含有貶抑之意，顯示的名利也遜色一些。而依我們看，那不過是「萬般皆下品，唯有讀書高」的心理在作祟；現代社會職業無分貴賤，因此後者不妨稱做「異路功名」，顧名思義，從正統功名之外殺出一條血路，成就說不定更爲卓越。

斗數中的殺破狼加煞本來就殺氣騰騰，假設還形成火貪武格，結構強勢，無與倫比，好像一輛加滿油的大卡車，蓄勢待發，一旦遭到外境的感應，立刻往前衝去；這種人勇於冒險犯難，在波動行業中安身立命，迅速建立社會地位。人生過程不可能諸事順遂，每天吃喝玩樂，災難從不沾鍋，相反的不如意事十之八九，經常困坐愁城；即使如此，強勢者也能勇敢承擔，毫無懼色，就算偶被打敗，短期內也能重整旗鼓，好像一隻打死不退的蟑螂。

許多人聽到「宿命」一詞，好像半夜開窗看到外面站著一個青面獠牙一樣，當場嚇得魂飛魄散，驚呼道：「罷了罷了，我說不過你，你就饒了我吧！」其實命理推論無論使用哪種方式，都脫不了「有條件的宿命」這一範疇。所謂「有條件的宿命」，約指在某些範疇內宿命而在某些範疇內則非；換另一種說法，在非意志領域內宿命，在意志領域內則非，因此稱爲「準宿命論」也未嘗不可。「爲什麼會變成這樣？」道理其實不難，一旦使用生辰定位，就無法擺脫宿命論的疑慮，蓋命格有高有低、有大有小，概由生辰決定，這不是宿命又是什麼；不過命理學者從未主張生辰決定全部的命運，只有江湖術士才如此堅持。舉個實例，老張之所以爲老張而不是老王，是因爲老張具有老張個人所獨有的人格特質，換成命理術語，就是老張的命格必然異於老王、老金與老沈的，在整個宇宙中他是獨一無二的、無可取代的。

下列八字仍載於《滴天髓闡微》中，我們拿它做爲參考，目的在於討論命理牽涉的一些特殊條件：

癸　卯
甲　寅
丁　卯
甲　辰

任氏說，「俗謂煞印相生，身強煞淺，金水運名利雙收；不知癸水之氣盡歸甲木，地支寅卯辰全，木多火熄，母慈滅子」。任氏用詞淺白，語意恰當，初學者一看就懂；不過從「木多火熄，母慈滅子」中，仍無法想像那是一個順局。

癸以辰爲根（辰藏癸水），只是微根，其勢甚弱，可以不予理會，那麼這是木火土三神成象；現在假設任氏的母慈滅子是正確的，根據「病藥論」取金劈木爲用，但是命中無金，豈能作用！何況木勢獨旺，似乎只能順其旺勢。

此人後天行運的消長如何？任氏指出：「初運癸丑、壬子生木剋火，刑傷破耗；辛亥、庚戌、己酉、戊申土生金旺，觸犯木之旺神，顛沛流離，無存身之地，是以六旬以前一事無成。」六十年的生涯幾乎涵蓋了一生，五十個字就敘述完畢，如此簡單明瞭，固然快人快語，對被論者而言，究竟有什麼用途，就令人費猜疑了。

一個人六十年的歲月空過了，所謂事出有因，該原因是啥？探查起來發覺原因不少，既有環境的、也有個人的，環境因素暫且不提，個人的因素包括生性懶散、缺乏謀生的能力、選錯方向等等，都佔有極重要的位置；任氏卻力排眾議，指出那是連續遭逢劣運所致，六十年的困頓，果然讓他一事無成；直到晚年，終於走到喜用神運，助起命格，不但發了財，而且娶妻生子。

此人晚運頗佳，當然不會平白發生，任氏認爲那是「丁未運助起日元，順母之性」所致，故「丙午二十年，發財數萬，壽至九旬外」，這種說詞過度一廂情願，恐怕無法讓人盡信；剛才說過，六十年空過了，一個甲子的生命虛擲了，卻因極晚之年走了比劫運而發財數萬，並且娶妻生子，世界上眞的有這種好事嗎？

上述的吉凶福禍等於一個人的生命本質，好像也等於喜怒哀樂、憂悲惱苦的內涵，經由干支顯示出來，讓我們得以隱約掌握一些狀況。算命大師堅持祿命式非人類所造而是仙人所留，目的在於抬高身價——既然來自天上，當然無所不能、無事不辦，這種心理我們可以理解；問題是命理依據它形成的條件（使用生辰），往往只能談論一些抽象概念（象徵意義），命格無論優劣、行運無論消長，都是內心世界的想像，而非一個實存的外境。淺白一點說，命就是日常生活中遭遇的悲歡離合、酸甜苦辣，悉含在內；據我觀察，命運的內容十分繁複，探討起來，保證千頭萬緒。迄今為止，我們從下列兩個領域中探測，終於隱約發現了一些軌跡，特地提供做為參考：

業的命：累世積集的行為力，等於一期生命的總報，由異熟果種子因緣聚合後形成的生命型態，從出生到死亡，內容概由此顯示出來。異熟果是阿賴耶識的果體，從因到果，過程中需要繁複的條件（緣）配合，沒有一個因能自生果。

如此析釋業的命，並不見得就願意領教，一些朋友質問道：「業屬於佛教重要概念之一，但我不是一個佛教徒，此事畢竟與我無關。」業若是存在的，並不因為信仰不同而改變；好像質能互換的公式$E=mc^2$，並不因為愛因斯坦是猶太人而被棄置。

業在非意志的範疇內，因此難知難解，迄今仍沒幾個人透析出來；易言之，那是一種特殊的內涵，大約只有修得宿命通者能夠深入其境，看出其間的因果關係。佛典記載，阿羅漢能知五百世因果，凡俗之輩連一世都看不透。

命理的命：這是透過八字、斗數或其他相關的祿命程式加以觀測，隱約發現的一些命運變化的軌跡，無論行諸於文字或者騰之於口舌，提供當事人作爲處事待人的參考；這也是命理創造的旨意。

庚戌女命的先天命格相當繁複，下列的問題不妨先行討論，等弄清楚了，再來觸及其他的部分，看出格局的優劣（見070頁命盤）：

㈠命無主星，命格柔弱，這種人恐怕無力承受重大的災難，當災難降臨時，大約只能逆來順受，然後坐在那裏自怨自艾。

天機 火星 辛巳	紫微 文昌 壬午	陀羅 鈴星 地空 天鉞 癸未 命宮	破軍 文曲 甲申
七殺 庚辰	庚戌年十月×日辰時 女命		擎羊 乙酉
太陽 祿 天梁 地劫 己卯	木三局		廉貞 天府 丙戌
武曲 天相 戊寅	天同 忌 巨門 左輔 右弼 天魁 己丑	貪狼 戊子	太陰 丁亥

此命的特色是輔星特多，高達八顆，幾乎是數量的最高；輔星被定義爲慾望，也是生命的原動力，擁有強烈的慾望，那麼她締創一番佳績便宛如桌上拿柑嗎？

理論上如此，事實上未必；因爲成就與否屬於後天環境的努力所致，命理接觸不到這個部分。

㈡輔星遍照，高達八顆，慾望堪稱無窮，她的能量雖低、動量卻高，具備了發達的條件，假以時日，必能締創佳績，令人稱羨，但仍應預防過勞死。

命宮象徵心理狀態，命無主星，這種人缺乏主見（主觀意識薄弱），極易受到外境的影響，甚至隨波逐流，這是缺點；優點則是不固執己見，樂於配合別人，替別人著想。主星五顆，承載量高，不如外界想像的那麼弱勢；輔星被定義爲慾望，輔星多者慾望必高，想這要那，就會變成一個拚命三郎；但因承載量不是太夠，一旦遭遇困境，難免焦慮，日子不好過。

上述的討論無論粗略或者精細，都在共盤上發揮，從中獲致的任何一項結論在同命者身上都會發生，絕無例外，這種現象就叫「命理的命」。命理的創造與發展雖然有口皆碑，獨獨對特性束手，大致上說，文明古國都曾創造出一兩套祿命式，但是精粗不一，有的流傳、有的淹沒，非常奇特！

算命大師不管青紅皀白取來便用，毫無界域的觀念，也不分「業的命」或「命理的命」，糊里糊塗，當然不指望發現命運的眞相；遇到別人質疑，也是三言兩語，一筆帶過，反正也沒幾個人眞正懂命。民眾也認爲，古聖先賢創造的命理程式無堅不摧、無遠弗屆，既然連日月星辰、山川河嶽的成住壞空都能掌握，何況眾生短暫而簡單的命運，當然也是手到擒來。若說有什麼障礙，那是習命者的程度不夠，無法領略高深的命理所致。

「業與業報思想都是佛教的名詞（佛教沿用古婆羅門的名詞），抽象度高，指謂含混，乍聞之下難免有些隔閡，我認爲與命運的關係同樣無法清楚指陳出來；既然如此，你要告訴我這個業的命從哪裏產生的？」

這個部分想要充分形諸於文字，看來有點困難，如同有人探問靈魂、轉世、中陰以及異次元世界的景觀一樣，都將耗盡心力；業的問題錯綜複雜，別說命盤（或八字），就算世間發明的任何一種程式、儀器都測不出來。業報雖然不能觀測，卻能感受，仔細觀察近來發生的一些事項的始末以及反應的方式，大約可以隱約感受業的作用。

朋友似乎聽出興趣來，頻頻點頭稱是，不過他仍有一事未明：「命理的命無法描述業的命，這是理所當然的，因此經由命理反映出來的命運內涵也是各自表述，既然如此，命理的命與業的命各佔了多少的比例？」

我說：「這個部分無法像切瓜分片那樣，每邊的比例多少可以確實計算出來。大致上說，外在三方（事業、遷移、財宮）屬於直接宮位，任何人都能憑著意志加以選擇，因此所佔的比例最高；兩個間接宮位（福德、夫妻）有點模糊，比例略低一籌。其餘六個宮位概在非意志的範圍之內，所象徵的事項早已決定，後天無法改變分毫，故列爲業的命。」

他於是樂觀地說：「無論八字或者斗數，觀測到的諸多事項中，意志與非意志的比例大致相等，業的命與命理的命各佔50％，這是我統計的結論。」

「若有那麼高，我們就不必研究得如此艱苦債掛了。」我說：「據我觀測，業的命約佔95％，命理的命約佔5％。」

命運改造說

人必須努力工作，賺取生活之資，
方免飢寒之苦；
工作滿不滿意、做不做得出成就感，
則是另外的問題。
古人說，「先盡人事，再聽天命」，
該做的都做了，
再來討論那些玄祕方術的助阻，
方為健康的人生觀。

命理推論再厲害，命理大師號稱劉伯溫再世，遇到風水仍要甘拜下風，好像一把尋常鐵劍遭遇削鐵如泥的龍泉寶劍那樣。我偶與一些命理大師閒談，談得正帶勁，此時過來一名風水大師，命理大師立刻三緘其口，就算用八百萬噸黃色炸藥都炸不開。某陽宅大師吹噓說：「陽宅的靈動非同小可，我絕不蓋你，回家把灶口朝向生氣或天醫的位置，從此讓你月入數十萬，不再阮囊羞澀，到處向人借錢。」現代家庭使用瓦斯爐，風口愛朝向哪裏，悉聽尊便；我小時候住在農村，用的是土灶，若想改變灶口，就得拆掉重建。

既然有這麼好康A代誌，我幹嘛還在遲疑呢！

談到陰宅，那更不得了，不但功奪造化，而且化腐朽為神奇，某大師在有線電視上說：「許多人被算出正在走衰運，事業失敗、債臺高築，從此呼天不應、叫地不靈，除了默默承受外，你說他們還能怎樣？」大師言之鑿鑿，讓人不能不信；一個來賓問道：「就算劫數難逃，仍要逃看看，那麼請問如何才能起死回生？」大師胸有成竹地說：「方法當然是有的，例如遷葬祖墳、修改陽宅坐向，都能改變命運，挽回天心；萬一還不行，那麼不妨做個生基，借來世補今世，那就更深奧了……」我相信來賓再問，大師就會把箱底所有的法門全搬出來。

以下這個八字由許多人所共有，其中之一爲一位留美數學博士，數學是一門非常艱深的學問，修完碩士課程都已困難重重了，何況還獲得博士學位！辛酉年間，他返台省親，返美前夕，被人發現陳屍台大校園內，由於當時的政治氣氛非常緊張，他的死亡涉及政治謀殺，因此迄今尚未破案。

己	甲	辛	癸
丑	戌	卯	巳

某大師說，「辛金日元生於戌月，土正當權，天干甲己合而化土，地支丑巳中均藏旺土，有埋金之虞；何況辛爲柔金，喜水淘洗洩秀而忌土重埋金」。

依我們看，「天干甲己合而化土」、「喜水淘洗洩秀」云云，都是古人的經驗（古書所載），是否如其所言，仍要以實證做基礎；遺憾的是，由於沒有人做過實驗，因此正確與否，還在未定之天，八字大師貿然取用，不過是想套合那些既定的事實而已。

大師指出此造「以木爲用神，水爲喜神」，則是可以探討的。印比有四，食神與財官也有四，勢均力敵，堪稱一個中和的命；印星當令加權○．五，故身稍旺，那麼他可以在食傷生財、財生官中擇一爲用，食神與正財分別透出，當以此爲優先，機緣成熟，致富何疑！不過這種命格屬於印旺而非日主坐旺，仍要行扶身運，身體強壯了，才能享用那些豐盛的財物。

有人質疑道：「獲得博士學位是件非常艱鉅的工程，若是身弱，豈能勝任！」依我看，其間並無密切的關係；我們甚至可以這樣子說，就因爲身弱，慾望不高，才會努力讀書，追逐功名；換成身旺，他們大概就會從事商業販賣去了。

大師指出，此人早年行癸酉、壬申之運，水來洩金，故學業一帆風順，成績名列前茅，終於獲得博士學位；其實那是我們剛才說的「走到扶身運」的效果，千萬別弄錯方向。遺憾的是辛未大運中，「干金支土，三十三歲辛酉年天比地沖，支全金局，用神滅絕，竟罹奇禍，墜樓身亡」。

據大師之見，博士猝死顯然受到「天比地沖」、「用神滅絕」所致，對嗎？當然不對。此說若眞，同命者都將相繼墜樓而亡，命理當然不會這麼糊塗！「那麼又是什麼癥結造成的？」若能解決，也許就不必猝死了。不過墜樓依然只是博士兄個人的遭遇，故確定與許多人共用的干支無關。

在某個場合中，我提示了這個八字，一個專研風水的朋友說：「八字確定非死不可，這叫劫數難逃，就算觀世音菩薩親自出馬也救不了他；當然啦，他若用到最後一帖白虎湯，也許還有救。」我問：「那是蝦米碗糕？」他說：「這類註定遭凶的命格在祖墳風水中必有一些脈絡可循，例如明堂坐空亡、被煞氣沖射，此時唯有迅速遷棺、撿骨另葬一途；若能及時處理，也許就能挽回天心，在鬼門關前將他的性命搶回。」我說：「人家是留美的數學博士，他會聽你的話嗎？」他於是喟然而嘆：「那麼他註定該死！」

持此觀念，等於在詛咒人，君子不爲也。

清朝文士俞樾在《右台仙館筆記》記錄了一個雋永的故事，特地抄錄如下：

有個術士在蘄縣街上設硯，某日，一名男子對著命相館破口大罵，行人好奇地圍觀，一個街坊過來探問何事？那名男子怒氣沖天地說：「今年夏天，我因爲家境不安，向他請教，他問我家的灶是什麼方向？我說向南，他說我應該改爲西南向，我照他的話改了。到了秋天，家人依舊經常患病，我又找他卜算，他仍問我的灶向，我回答說西南向，他就叫我改爲向西，我照他的話做了。現在已經入冬了，家裏的情況並未好轉，我做的生意也虧損累累，我百般無奈，姑且又來請教，他依舊問我的灶向，我照樣回答，想不到他這回說應該改爲南向，這不是回復到原位嗎？我奉他有如神明，求他指點迷津，想不到他竟然如此反覆。」

街坊聽了，無不笑得前仰後合；由於只是雞毛蒜皮般的瑣事，父老於是出面勸解，那名男子終於悻悻然離去。俞樾後來也說，這個故事讓他想起親戚中有人聽信術士的話，一年中三次更改灶向，最後又回到原位，白忙一場。俞樾的親戚聽到的是三位術士不同的說法，此人聽的則是同一個術士前後三種不同的說法，無論何者，顯然都是荒唐可笑，很快就會被人看破手腳；俞樾的結論是：「江湖術士的話，本來就是聽不得的。」

❖

此事未必眞實，內情卻發人深省，風水改運有時連外行人都覺得可議，當事人卻執迷不悟，我想這才是癥結的所在。俞樾記錄此事也許志在反映風水改運的無稽，也許只是譏諷世人的無知，古代文人喜歡記述這些鄉野傳奇，約以兩種心態面對，一種是盡信，一種是不信，前者只記而不做批判，後者還做了批判，不過內心十分排斥甚至撻伐那些現象，咸認那是一種無知的表現。

人必須努力工作，賺取生活之資，方免飢寒之苦，這是做人的本分；工作滿不滿意、做不做得出成就感，則是另外的問題。古人訓誡說，「先盡人事，再聽天命」，該做的都做了，再來討論那些玄祕方術的助阻，例如教科書讀得滾瓜爛熟，再請文昌帝君保佑，求個安心而已；相反的每天讀金庸武俠小說或瓊瑤愛情小說，只因學得一些江湖祕術然後透過祈禳或移到文昌位改變磁場，居然名列台大醫學系，這種心態實在可議。不過言者諄諄，聽者藐藐，一些朋友露出鄙夷的神情說：「你講的那些五四三的，不值一文錢啦；我們的祖師爺在青城山修練成功，獲得太上老君親自頒下祕笈，改變人類命運，手到擒來，你想否定我們，依我看就是蜉蝣撼大樹！」

既然如此，算他厲害。

現代命理指出，命運過程中的得失與消長絕非干支或星曜造成的結果，而是當事人自己的想像，或說那是他的業報的結果，因此無論使用哪種祿命式，呈現出來的任何一種蛛絲馬跡，均非一個客觀存在的外境。

不過算命大師必須堅持命運的發生與八字有關，否則命算不下去，非改行不可。一個朋友問：「說起命運哪，我的感觸最深，我開過兩家公司並投資房地產，四年之間賺了兩億多，算命先生說我這些成就都是八字所賜；我最近事業失敗，公司倒閉，負債累累，我問那個大師，他堅持那是八字害的，爲什麼有這種說法？」大師一旦無法答覆，就會藉尿遁而去。

我們回到剛才那個問題：「一個人從事某種行業的經營，其成與敗，概由八字干支決定嗎？」多數人會說，命運概由八字所賜，每個人都要承受八字給予的吉凶福禍、悲歡離合，這點應無疑義；準此而言，干支的生剋將直接影響一個人的成敗，豈能小覷！是否如此，當有探討的必要。這個八字載於一本命理著作中，作者當然也是大師，他的推論令人讚嘆不已：

丙戌
戊戌
丙寅
丁酉

《造化元鑰》記載，「九月丙火愈衰，忌土晦光，先用甲木，次用壬水」；《造化元鑰》又稱《窮通寶鑑》，原名《欄江網》，是明朝余春塘的作品。

其中一事我們始終搞不懂，身弱者按理只能用印而絕無用官之理，《造化元鑰》卻主張用官，這是什麼道理？寫這些文章的人都已作古多年了，我們不可能從墳墓中將他們叫醒，因此變成一個懸案。

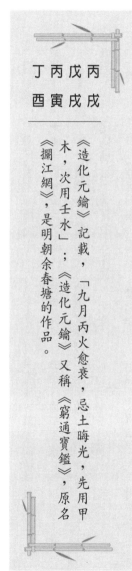

大師又說：「用印時，仍要考慮它的旺度，九月的木無氣，缺水將不能存活。」這種論法十分詭異，根本不符八字的慣例。據我觀察，「天干三火，通根寅木長生、戌庫，但與食神相較，仍然嫌弱，因此用印生身兼制食為用」，這段文字若是正確的，那麼將狠狠打了那個「次用壬水」一個巴掌。

關於運程的消長，大師指出：「大運辛丑，有生有洩，事業尚稱平穩；三十五歲庚申年，地支申酉戌會西方金，尤其酉丑半合金局、丙辛合水，所謂財多身弱，事業一蹶不振，負債數千萬元。」他確實在翌年（辛酉）宣告破產，半生艱辛卓絕，一夕化為烏有，著實令人扼腕。

「破產是件十分嚴重的事，那是什麼因素？」大師的說法是，「兩辛合兩丙，二酉合丑金局，剋傷了日支寅木」，導致業績下滑，終至關門大吉，對嗎？當然不對；若是那麼簡單，問題早就迎刃而解了，還會拖到倒閉嗎？其實他弄錯了一個關鍵，一個人的成敗若全歸咎於干支，好像八字真的必須承擔那些成敗，人因而變成命運的傀儡，這種觀念乍聞之下就覺得匪夷所思。

常聽一些大師發表高論說：「你若早幾年來見我，說不定就不破啦；不但不破，反而富貴綿長，直到天長地久。」這種話誰都會說，但是沒什麼積極的意義；醫生必須能救人於危急，才配稱爲醫生，算命大師眞的能夠替人趨吉避凶嗎？換個角度問：「此兄亟思改變破產的命運，他可能如願嗎？」

這個問題很複雜，通常要請教企業管理專家，他們才是眞正的專家，不過命理大師也不愧是個專家，他們指出：「東方的玄術深不可測，絕非你們這種只得一些皮毛者所能想像，除非潛心研究並身歷其境，否則沒幾個人能夠登堂入室，眞正領略其中的奧祕。」我聽後笑得前仰後合。某研究五術的朋友告訴我一件他認爲不可思議的事，一家半成品加工廠最近有一批貨款收不回來，老闆正在困坐愁城，說時遲那時快，旁邊閃出一個高人，趨前獻計說：「董耶，免煩惱啦！趕快刻個開運印章，蓋了之後保證嚇嚇叫，別說貨款，連十二年前餐廳老闆欠你的五十萬賭債都要得回來。」

「老闆雖然半信半疑，最後理性被迷信打垮，斥資兩萬五千塊錢刻了一個象牙圖章，回家猛蓋，幾天之後，你知道發生了什麼事嗎？」朋友賣了一個關子：「哈，我告訴你，他收到對方寄來的支票，貨款如數入袋。老闆逢人就誇說：『哇吃呷這大漢，第一解知影這個世界有仙。』（我長這麼大，第一次知道世界有神仙）」此事乍看即知問題重重，不太可能眞實，卻在一些社會階層之間傳述著，難怪那麼多人遭到陷害，導致破財傷身。

當然啦，不信邪者照樣不信邪，類此之事畢竟違反經驗法則，難獲知識分子的認同。那個朋友被我批得體無完膚，不敢造次，最後改口說：「蓋了吉祥印鑑並不保證能夠起死回生，因爲沒有人那麼厲害；但別忘了心誠則靈，它讓一個人產生無限的信心，說不定因此挽回天心，在未來的時空中，眞的開運兼發財。」

若是如此，那與開運印鑑何干！

劫數難逃

若是一個理性的推論，
學者必須提出推論的方法，
並儘可能將演算的過程公布出來，
以昭大信；
若僅僅告知一個簡短的答案，
讓人遵行如儀，
不但違背現代學術的規格，
也將無緣成為一門學問。

明朝文士陸粲在《說聽》書中記錄了一個算命故事，讓人嘖嘖稱奇：江西名士熊庠曾經遊歷陝西，當時有位都御史某公被貶為參政，頓感官運蹇滯，前途茫茫，於是去找熊某推算。熊某掐指一算後說：「放心，閣下將在某月中恢復舊職。」某公大搖其頭，當場表示不信，熊某說：「若不應驗，你打我四十大板；如果應驗，你要送我一匹絹帛。」

某公笑著答應了，詎料屆時果驗。

陸粲的外祖父值菴公當時擔任左轄之職，他也請熊庠批算。熊某說：「今年七月，你將被擢拔陸為四川都御史。」值菴公笑著說：「陸官也許可能，我將被派往何處，豈是你所能預知？」熊某請值菴公比照前述某公的約定，他滿口答應。熊某說：「你因為金星坐旺，故推知在西方得利。」到了七月三十日，仍無任何異動的消息，值菴公心想熊某的牛皮要吹破了，但當天他從都察院下班回家時，有人通報他已被派為四川巡撫。

值菴公因此對熊某的神算刮目相看，數日之後，又派人請他到家裏來喝茶兼請教命運之學。熊某算過八字後說：「九天新雨露，兩省舊黎民，你將有半年的時間有官無祿。」值菴公沒有表示意見；熊某告辭時，私下對陸粲的舅舅透露說：「從尊翁的命盤發現，他庚辰年有個劫數，相當不利。」到了庚辰年，陸粲的外曾祖母過世，值菴公辭官，從四川返回江南奔喪。當時的新制指出四川爲邊防重鎮，一定要等交接完畢才能離開，值菴公不得不又從江南趕回四川，留守治事半年，沒有薪俸可領。

故事寫得活靈活現，算命算到這個層次，顯然已臻大羅神仙境；我堅持那種論斷故事只是道聽途說，但是不信邪的照樣不信邪：「你的意思我懂，這個世界沒有神仙，對不對？既然如此，那些斷驗記錄又是怎麼生出來的？」這就不得而知了。眾所周知，陸官之事掌握在層峰的手中，而非閣下自己可以決定；熊大師力排眾議，主張可以從部屬的八字中窺探出來，這種話說出來保證笑翻一缸子人。由於不曾留下推算的方法（八字或命盤），我們頂多當它作一篇傳奇故事，過目即忘。一個朋友說：「古代的大師曾獲無上心法，故能見人所未見，現代人物慾較重，名利薰心的結果，那些無上心法從此消失或被收回天庭去了。」我承認有此一說，但否認古人比今人聰明。

若是一個理性的推論，必須提出推論的方法，並儘可能將演算的過程公布出來，而非只告知答案，否則無緣成爲一門學問。某大師聽後冷笑一聲：「我若說出方法，豈非讓你們學去了，存心白吃午餐，來人哪，把這傢伙亂棒逐出！」持此觀念者甚多，多屬利欲薰心之輩，想要靠那些祕訣算命賺錢；其實他的法門並不好，免費送給我，我還不要呢！

對神祕之學的特殊效應，許多人總是抱持著一種不切實際的想法，例如有個朋友如此說道：「命理之學流傳既久，必有一些流傳的理由在焉，你一概抹煞，不但無助於提升學習的水準，而且一支竹竿蓋倒一船人，勢必引起公憤，被小子們鳴鼓而攻之。」我認爲他的說法更不切實際；算命大師多數才疏學淺，絕少願意深造，他們又輕忽知識學問，對別人的研究冷嘲熱諷，如此反智的行爲才是今天命理發展阻滯的元凶。他們雖然被譽爲算命大師、命理權威，實際上事理不明、經驗淺薄，對命運的見解非常迂腐，爲了生活於是胡編亂撰，敷衍了事，我想任何一門學問都不該如此糊塗。

下列八字有點特殊，某大師認爲那是一個炎上格，但是兩癸屹立，專旺格見財官即破，因而只能回歸到扶抑用神或「有官先論官」。

癸巳
戊午
丙午
癸巳

他說，「地支一片火海，天干雖見兩水，但是水入洪爐，迅速熬乾，固無作用也；即使無用，仍要讓它作用，因此當以年時兩個巳中所藏庚金爲喜神，助起兩癸爲用神，其理甚明。」

是否甚明，恐怕未必；一個朋友發表高見說：「全盤皆火，應入炎上格；正官在年時之上屹立，不能沒有忌諱；其中年上之癸被戊合去，障礙解除了一個，剩下的時干癸算是『時上一位貴格』，不但無礙，反而有益。」

「時上一位貴格」屬於古籍（例如《淵海子平》、《三命通會》）記載的格局之一，時干官煞出現，就算成立；準此而言，「年上一位貴格」與「時上一位貴格」都算搭了順風車，成爲古賦中的重要格局。由於形成的條件太簡陋了，乍看即知沒什麼價値，後世於是訂出一個限制，等於設下一個關卡：「身旺者以財官爲用」，這種貴格才算有效；若是身弱，財官爲忌，貴格反而變成累贅，那就事與願違了。這個時上癸一來失令，二來失根，根據「強眾擊寡論」（這是《滴天髓》的理論），可以棄之，因此成爲一個專旺，俗稱的「炎上格」。

上述屬於一般論法，也是任何一本八字命書都會教的方法，大師不見得願意使用，他們擁有師門傳授的神祕法門，自然別具一格。大師說：「此造有個特殊之處，你要是看不出來，就不能自稱大師，那就是自坐羊刃且生於羊刃之月，日主強到極點，照理說該取財官抑制爲先，問題是官煞輕淺且被食神戊土剋合，用神無以寄託，屬於一個劣格，若是女性，乃是夫緣極薄之命。」

「緣薄一詞相當空泛，你能確定那是什麼事嗎？」

「那當然；這種命格初娶一定難以白頭，若非生離，就是死別。」

「果然命運坎坷，令人喟嘆，那麼有無解救之道？」

「根據我的經驗，他若娶風塵女或再婚女子爲妻，就能圓滿。」

大師僅憑羊刃與正官被剋合，就洩漏如此之多的「夫妻緣薄」的祕密；有人驚爲神異，有人則嗤之以鼻。

對於此女的半生經歷，大師照樣手到擒來，毫不含糊。他說：「己未大運中，父母離異，庚申、辛酉兩運財利甚豐，與有婦之夫多人同居，所賺之財皆被耗損殆盡。」

她的生活有點糜爛、道德有點淡薄，固然令人嘆息，但那是她的選擇，別人沒有置喙的資格；最後一個同居人把她的錢財拐走，半生儲蓄付諸東流，眞的是情何以堪！一個朋友問道：「上述二事的發生雖然讓人刻骨銘心，但與干支排列有關嗎？例如前述大師說她的月日兩支都坐了桃花……。」這就要看你問到誰了，若是我，當然無關；若是大師，當然有關。朋友說：「羊刃、忌神、桃花這些凶神惡煞坐於夫宮之內，終於肇致不幸，這是劫數難逃哪！」一個人之所以有某些行爲，歸根究柢，那是她自己的選擇，至於她爲何做此選擇，那是另外的問題，確定不是八字干支逼她，對不對？大師認爲那是羊刃忌與桃花坐夫宮的效果，恰好倒因爲果。

大師後來又議論說：「二十六歲戊午年，大運在辛酉，羊刃、劫財並至，此年父親病歿。」同樣的道理，父喪若與命理有關（羊刃、劫財並至），那麼同命者的父親都要邀約共赴黃泉；仔細思考，命理不該如此糊塗才對。

我三番兩次給大師「吐糟」，他也許惱羞成怒，把我亂棒逐出，不然也會罵一條大街。大師雖然天縱英明，但他始終未曾弄清一事：父母離異、父親病歿其實都是特性，只降臨於此女的身上而不發生在同命者的身上，故與「己未大運，羊刃劫財」無關，也與基本結構的干支生剋無關，弄錯對象，就會殃及無辜。就在此時，大師冷笑一聲：「如果都是無關，顧客找你算命，豈非空手而回，他們難道都是『盼仔』！」他的話讓我無言以對。

一個人遭遇困境，正在困坐愁城，當務之急就是尋求化解之道，不外乎請教專家或找人幫忙，此刻找人算命目的無他，希望找到一個另類的制化法門，說不定可以據此趨吉避凶。我們必須嚴肅指出，這種習慣（觀念）雖有紮實的歷史背景，卻是一個錯誤的認知，有些事情雖然可以化小甚至化無；有些事情就算敦請太上老君出馬，也要徒呼負負。

一名年輕大師告訴我說，他能根據車牌號碼算出這輛汽車何時肇事、哪天拋錨以及會不會遭竊（若會，約在何時）。我說：「那是神仙行徑！」他還透露曾獲江西青城山一名老道傳授奇門遁甲，他問我：「奇門遁甲是誰發明的，你知道嗎？」我說我一無所知，他立刻露出愉快的神情說：「奇門遁甲是孔明發明的，當年十萬蜀軍打垮八十萬曹軍，靠的就是此術，現代人用來選吉（趨吉避凶），在商場上折衝樽俎，無不如響斯應，預測一件瑣事的成敗更是駕輕就熟，任何人事物都能推算，也都應驗如神。」

說這種話臉不紅而氣不喘，著實令人讚嘆。八百年前（宋神宗年間）的某日，年輕的理學大師邵康節突然心血來潮，算出他家收藏的一個珍貴的瓷碗將在三天之後的午時毀壞，他雖不知何因，卻想一探究竟。到了那天上午巳時，他把那隻瓷碗綁著，懸在主樑之下，然後端來一把椅子，坐在碗前仔細觀察著。

接近中午時刻，老母煮好飯菜，要婢女去叫老邵過來吃飯，婢女叫了幾次，都聽老邵在門縫中說：「妳們先吃，我等一下到。」老母大概聽煩了，不知兒子在做什麼，決定親自看個究竟。當她推門而入時，瞧見兒子正在對著一隻碗發呆，非常生氣，從牆邊抄到一根棒子，一棒擊下，那隻瓷碗應聲而破；老邵於是嘆了一口氣：「原來如此，果然劫數難逃。」

任何行爲的背後都有一些動機，有些純正、有些不良，無論何者，不妨仔細探究一下，也許能夠幫助我們了解一件事情發生的來龍去脈。車主與汽車之間成爲一個生命共同體，因此榮辱與共，當車主的運勢稍差時，就會發生車禍甚至被竊，如此而已。不過這種關係是否眞實存在，還有討論與檢證的餘地。

坊間流傳一本叫做《梅花易數》的神秘書冊，根據的仍是易卦，不過既不像周易，也不似五行易，而是獨樹一幟，作者據說就是邵康節，看來僞託的成分很大。有個斷驗記錄是這樣的：巳年三月十六日清晨卯時，邵康節與朋友應邀到當地望族司馬公的豪宅賞花，牡丹正當盛開，眾客十分嘆服，朋友突然問道：「牡丹盛開，難道也在暗示某種天數？」邵康節說：「不錯，宇宙萬物，都離不開天數的作用。」

老邵當場占了一卦，巳年六數（從子算到巳爲六），三月三數，十六日十六數，共計二十五數，將此數除八（八卦之數），餘數爲一，這是乾卦，也是上卦；卯時其數爲四（從子算到卯爲四），共得二十九數，除八剩五，就是巽卦，也是下卦。邵康節隨後將總數二十九除六（每卦六爻），餘數爲五，因此設定五爻爲動爻。

天風姤　⚊ ○ ⚊ ⚊ ⚊ ⚋

火風鼎　⚊ ⚋ ⚊ ⚊ ⚊ ⚋

現在把卦整理出來，上乾下巽，就是「天風姤」，二至五爻互見重乾（二、三、四爻均陽，乾卦，三、四、五也陽，叫做重乾，在六十四卦中稱做「乾爲天」），而五爻動後變成「火風鼎」。「這些卦象預示了什麼天機？」邵康節說：

「明天午時，這些亮麗而富貴的花朵都將被馬踩壞。」

在場的客人都不置可否，蓋明天的事誰知道？翌日午後，另外一批客人正在賞花，客人乘坐的兩匹馬突然互咬起來，在花間來回奔馳，果然頃刻間就將那一園的牡丹踩得稀爛。

「梅花易數」雖用後天卦，但是獨樹一幟，算是邵康節的獨創。這種法門看似簡單（對學過五行易者而言，簡直是雕蟲小技），但有一事就複雜多了，他必須逐一將卦爻類化爲現實中的物件，由於現象界的事項種類複雜而且繁多，並非事事可以類化，因此無法確定那是什麼事項，例如震卦，類化爲酒友疏狂、虛輕怪異、大樹之果、園林之蔬，看來都是包山包海，迄今爲止只有老邵一個人懂得推算，故流布的範圍不廣，這點老邵也許就沒有占卜出來了。

「斗數其實也能如法炮製，如實窺探一個外境的得失，不讓梅花易專美於前。」一個朋友如是說道。我說：「那是風聲（道聽途說的）；當閣下深入其境，自然就會發現其中的奧秘；這個奧祕就是命理其實沒有那麼厲害。」這個社會的理性程度畢竟還不夠，許多大師異想天開，仍然試圖從斗數中窺探一個外境

邵康節像

＊邵康節本名邵雍，本籍范陽，晚年遷居河南，做過幾年的官，據說官聲還不錯。他生前寫過《漁樵問答》、《伊川擊壤集》、《先天圖》與《皇極經世》等書，尤其在易卦、術數方面的研究，被認為足與鄭玄、鬼谷子、諸葛亮、京房這些五術史上的高人平起平坐。

的成敗。

以下這個命盤（見101頁命盤）是朋友老洪的，癸未年秋的某日，他到高雄苓雅區一家命相館算命，那個老仙瞧了宮位一眼就斷說：「你在做外銷生意，對不對？」老洪瞪大了眼睛：「不錯，你老是怎麼知道的？」老仙說：「紫微是北斗帝座，破軍象徵波動行業，自己能夠當權做主的生意當然是經商。」

老洪覺得非常有意思，他希望了解一下現在的運勢；那個老仙說：「目前大限走到癸巳，破軍化祿於財宮，四十五歲起這步運程的財勢旺到了極點，經商做生意，保證貨物銷到約翰尼斯堡。」老洪問：「我眞的在約翰尼斯堡有個客戶，你是怎麼推知的？」老仙說：「我的小姨子目前就移民到那裏，她跟你同爲這張命盤，她的命宮在亥，內無主星，廉貪在遷移宮，表示那是很遠的地方。」

老洪仔細思考，他沒話可說。

那個老仙繼續說道：「遺憾的是，命宮自坐貪狼化忌（先天命宮原本只有廉貞化忌，但老仙認爲宮干癸使貪狼化忌，叫做自化忌），坐忌的人生性悲觀，觀念受到嚴重扭曲，因此感受不到財福的樂趣，台灣俗諺說的『好好仔鱟，台呷屎

廉貞 貪狼 癸巳 大限命宮	巨門 擎羊 甲午	天相 乙未	天同 天梁 鈴星 丙申
太陰 陀羅 壬辰	丙申年十月×日戌時 男命		武曲 七殺 地劫 天鉞 丁酉
天府 辛卯	土五局		太陽 戊戌
文曲 庚寅	紫微 破軍 地空 左輔 右弼 辛丑 先天命宮	天機 火星 文昌 庚子	天魁 己亥

斗數分析一個人的命運架構，顯示的軌跡無論是吉是凶、是優是劣，都是內心世界的想像，從未與外境直接發生關係；誰說那是一種如實的外境，絕對是個虛妄。

爲何不能直接反映在現象事物上？當然可以直接反映，但那需要一道「呼應」的手續，缺此手續，仍然不足以描述任何的外境。

流』，不如想像中那麼美妙。」

老仙說完，老洪豎起大拇指說：「準極了，去年（二〇〇二）秋天，我的BMW遭竊，竊賊打電話來勒索贖金，我付了十五萬元，車子並未送還，眞是賠了夫人又折兵；爲何如此，我就毋栽啦！」老仙說：「大限中註定破財，流年再遇化忌侵入，簡直就是屋漏偏逢連夜雨；壬午年的武曲化忌就在財宮，此年大破其財，沒有人能夠倖免……」

說到這裏，老仙停頓一下：「你玩股票嗎？」老洪點點頭；老仙於是斬釘截鐵說：「武曲這顆化忌了，你還敢玩股票，我眞服了你！你如此暴出暴入，非賠得當褲子不可。」老洪赧然說，他買了一家化學公司與一家銀行的股票，都是連跌幾天，跌得面青面綠，最後斷頭殺出，總共賠了七百多萬元。

十幾天後，老洪告訴我說：「我回去翻了一下斗數書籍，裏面果然記載武曲就是一顆財星，我的財宮既見武曲，表示我將擁有大量的資產，從此生活無慮，不是嗎？」我說：「你現在不就生活無慮嗎？」他說：「我不是這個意思；我是在想我既然註定發財，又爲什麼註定破財？」我說：「大師使用『註定』一詞描述任何事情的成敗，用得如此順手，一切似乎『早已被他算定了』，那麼你老兄的努力是多餘的，是嗎？」老洪深思甚久，終於回魂說道：「是呀！這一切的一切若是註定的，那我活著豈不是多餘的？」

有兩件事必須仔細辨認，防止有人故佈疑陣；其一是武曲不是財星而是十四主星之一，沒有特定的吉凶內涵；其二是武曲化忌的所在不止先天的財宮，它還是大限的事業宮、流年的田宅宮，究竟該用哪個宮位判斷，必須確認出來，方免殃及無辜。依我觀察，那個老仙弄錯了宮位的關係，按理說不可能準，現在已知他斷準了，我們只能說他運氣好。老洪問：「能夠猜中，也要一些本事！」我說：「何必本事？他只要隨著你老兄的語氣，一路往下套合即可。」

後來有個朋友詢問說：「那個老仙說的道理不通，我可以理解；但老洪既失車又破財都是事實，該從哪些宮位檢討此事發生的脈絡？」

「任何人試圖從宮星中檢討，就會白白了憨工。」我說：「這類失財、失車以及無端耗財之事，勉強說來都是一種災難的形式，須知所有的災難都是特性，從共用的祿命式中推論不出，並不意外；除非出現一個例外，同命者都在此年股票賠錢，還掉了一輛BMW。」

多年之前，有位大師得知我也在探討命運的問題，拍拍我的肩膀殷切告誡說：「命理研究是一件艱鉅的工程，雖然代有賢人出，各領風騷數十年，但是在漫長的歷史長河中，修成正果的仍然沒幾個人，顯示推論命運的方法很難，實驗的過程更是艱辛備嚐；不過你們好像認爲很容易，這種現象無以名之，就是台灣俗諺說的『青暝毋驚槍』，初生之犢不畏虎呀！」

他的話讓我存著戒心，也摸不清他究竟何指；大師啜飲了一口凍頂烏龍後，突然想起一事，他說：「你到過東南亞一帶像是泰國、印尼旅遊吧！當地的民舍分成上下兩層，樓上住人，全家擠在一塊吃飯睡覺，樓下住動物，那些豬狗羊牛也是擠在一塊吃飯睡覺；有一事引起我的疑慮，同一時辰之內，樓上母親生小孩，樓下母豬生小豬，兩種生命個體同時呱呱落地，照理說他們的命運結構理無差異，對不對？」

我大驚失色，心想哪有這款代誌發生！他沒理會我的訝異，反而提高語調說：「各位小姐先生，世間事的發展經常出乎意料之外，一年後，這個小孩週歲了，家裏敲鑼打鼓，大肆慶祝一番，此時有人下樓把其中一隻小豬宰了做成烤乳豬，以饗賓客；客人吃得滿嘴流油，我們卻爲那隻小豬抱屈，按理說豬媽媽也要替小豬開派對慶生才對……」

這種結局十分突兀，預料將會轟擊我們的腦門，並摧毀我們辛苦建立的祿命架構。大師於是聲色俱厲地質問：「八字相同，命運的差別如此懸殊，你說這是怎麼一回事？此事難道不曾涉及其他的因素嗎？我問你們，那些因素是啥？五行生剋或星曜拉扯嗎？」

大師不僅高瞻遠矚，功力也已登峰造極，任何世事的興衰都逃不出他的法眼，我縱然再奮鬥八輩子，也只能替他提皮包。我思索許久，終於靈光一現：「大師果然藝高人膽大，我也急想知道一事：人與豬能否等量齊觀？我換個方式問好了，人與豬的命運立足點是否相同？」如果答案是肯定的，那麼他的問題就經得起檢驗。

就在此刻，換他陷入沉思之中；我似乎不小心擊中了他的要害，讓他啞口無言。

眾所周知，命理建立在人類的生活層次上，而與其他的次等動物甚至外星人無關；此話的深層意思是，命理針對人類而設計，因此只能探討人類的命運，把人的命運與豬狗牛羊的命運等量齊觀，這種道理恐怕不通。

大師如是說

人吃五穀雜糧，
難免罹患疾病疼痛，
人由有漏業感召，
難免遇到一些困境，
把那些事項全歸咎於犯太歲，豈有此理！
其實許多不犯太歲的人，
照樣遭遇各式各樣的災厄，
更多犯太歲的人平安無事，
證明其間沒有因果關係。

有線電視上，一名大師正在解說人與宇宙、易經與社會之間的關係，其間究竟有何關係？大師以嚴肅的口氣說：「大自恆星毀滅、太陽黑子活動，小至中東情勢變化、台灣政治紊亂，均與五行大氣、易爻象傳顯示的軌跡關係密切。」我們也知道密切，不過他並未推論，因此不能算一個客觀的論述。

即使如此，大師仍然斬釘截鐵地說：「易經爲古聖先賢所造，集天地間所有學問之大成，道理高深莫測，宛如九仞宮牆，迄今仍沒幾個人眞正弄懂，後世使用易卦觀測宇宙人生的奧祕，只是一些雕蟲小技，將被鬼神竊笑。」

女主持人時露敬佩的神情，她舒了一口氣後問道：「璩女的VCD事件、鄭某的禮物事件、黃某的仙人跳事件以及薛女的削凱子事件，雖然都是雞零狗碎的瑣事，卻有一些脈絡可尋；據說易經能夠透析宇宙人生所有的疑難雜症，那麼它將如何顯示這一切發展的軌跡？」

大師是何等飽學之人，他飲了一口礦泉水，清清喉嚨後說：「早上出門之前我就預感你們會問這個問題，因此預先占了一卦，卦名『山水蒙』。蒙卦者，啓發蒙昧，具有亨通的德行。《易經》上說：『勿用，取女，見金夫，不有躬，無攸利』……」

女主持人說：「預占一卦，太神奇了，我不知道卦還能預占，真是孤陋寡聞！」大師答道：「你們都是外行人，我就不忍苛責；其實歷史上頗多預占的事例，例如孔夫子替魯國士大夫卜問吉凶，周文王幫過一個叫武吉的殺人犯占了一卦，證實它的斷驗奇高無比，人生的難題、世相的奧祕，無不手到擒來。」

大師正想長篇大論，不過節目時間緊湊，無法讓他開懷暢談，他只好長話短說：「卦中顯示的道理很簡單，警告你千萬別碰那些女人，因爲她們都是拜金女，身心極不健康，碰到她們算你倒楣。」大師一言九鼎，所有言談都是擲地作金石聲，主持人與來賓只有洗耳恭聽的份，蓋沒有人會不知趣地發言駁斥，否則把場面弄僵，觀眾都將恨你一輩子。

大師接著從干支的刑沖剋合切入，談論人生中重大災難的趨避，他說：「流年沖本命，也就是我們熟知的犯太歲，這個太歲星君平常文質彬彬，遇到有人侵犯他，立刻變成一個凶神惡煞，舉起鋼刀，追殺而至，讓你吃不完兜著走；當流年沖其他地支時，必須當心車禍、開刀、口舌是非以及犯官符等誘導，你們都要用心聽著，屆時不能說我沒有警告……。」

一名女性來賓說道：「我大姊的男友被某大師算出有牢獄之災，大師只問他肖什麼就洩漏了如此的天機，眞的神奇極了。」

主持人在旁敲邊鼓：「妳大姊的男友後來坐牢了沒有？」

那個女性來賓點頭稱是。

大師微笑一下後說：「依我看，那就是犯太歲的下場，今年兩種生肖犯太歲，其中肖牛的沖太歲、肖羊的坐太歲，無論坐或者沖，都有災厄降臨，重者死亡、坐牢，輕者失職、破財，千萬別小覷。」

主持人問：「妳大姊的男友肖什麼？」

該女思索半秒鐘後，答「肖牛」。

在這些大師的眼裏，生肖（年支）「犯沖」必招禍端，故非計較一番不可；在我們的認知中，這種沖無論有解或者無解，芝麻綠豆小事都不曾發生過一件，理由無他，犯太歲是虛假的，江湖術士用來嚇唬小老百姓的伎倆也。

一個朋友對我提示的概念甚不以爲然，立刻嚴詞駁斥說：「怎會沒有！我年初那場重感冒、上個月收到兩張超速罰單、太太掉了手機以及兩個禮拜前跟同事吵了一架……等等等等，哪件不跟我犯太歲有關！」我說：「人吃五穀雜糧，難免罹患疾病，人由有漏業感召，難免遇到困境，把那些事項全歸咎於犯太歲，豈有此理！」其實許多不犯太歲的人照樣遭遇許多災厄，而更多犯太歲的人平安無事，證明兩者之間沒有因果關係。

眾所周知，地支逢六必沖，包括巳亥沖、子午沖、丑未沖、寅申沖、卯酉沖、辰戌沖，年支就是生肖，每年固定沖兩個（一個坐命、一個被沖），比例是$\frac{1}{6}$；易言之，犯太歲若是眞實，全球將有$\frac{1}{6}$的人口註定遭殃。傳統命理指出，沖者散也，福澤、元神、功名利祿以及親情緣分都被沖散，任何人犯此，都有失職、失業、生病以及各種意外降臨，讓人焦頭爛額。我們附近王爺殿的廟祝警告信眾說：「太歲星君代天巡狩，好像管區警察，你膽敢冒犯了他，豈能放過你！」這種話雖然冠冕堂皇，但識者知道那只是在嚇唬三歲小兒。

現代社會資訊傳布迅速，著書立說不再困難，有些大師卻以爲寫一本書、發表一兩篇敘述命運的文章，立刻變成專欄作家或命理大師，從此君臨天下，開始搖擺起來。其實想做個江湖大師，非有兩步七仔不可，譬如他必須精通干支的生剋、說理的理路必須清晰，加上觀念不能陳腐等等，否則三兩下就被人考倒，當場丟盔棄甲，那就枉然了。

下列八字論述爲某大師的傑作，我們從字裏行間看出，他確實是個大師。

壬寅
丙午
庚辰
乙酉

大師指出，「地支辰酉六合、寅午三合，稱做鴛鴦合」；他說，「日柱庚辰爲十惡大敗，時柱乙酉爲九醜、桃花，上下雙合；命書上說，『桃花帶合淫亂』，難免風聲之醜。」

這個「難免」沒什麼道理，套合事實罷了，二十歲辛酉年失貞若與羊刃桃花有關，則同命者都將在此年失貞。

大師論命盡挑壞的說，好像這個命（或這個女人）跟他有殺父之仇；事實上那些「鴛鴦合」、「十惡大敗」都是江湖神煞，除了把人嚇死之外，別無意義，例如你問他：「鴛鴦合有什麼作用？是吉是凶？犯十惡大敗者將遭災厄，你有統計數據嗎？」他大概就會瞠目結舌；不過他是江湖大師，豈能輕易就範，他也許辯說：「你別管那是怎麼來的，我的論斷若是眞實的，表示她的悲慘遭遇都是神煞特殊的效果，這點你懂嗎？」你再問：「同一時辰誕生的女性還有不少，她們都有相同的遭遇嗎？」大師思索許久：「我知道你要說什麼，我要告訴你，你沒有統計，又怎麼知道沒有？」你又問：「那麼大師你又統計了幾個？」他也許就啞口無言了；這種攻防戰經常發生，頗讓一些自以爲是的大師疲於奔命。

大師是個老江湖，一般人當然辯不過他，這是他自鳴得意之處，偶爾在泡茶聊天間，也不吝提供他的經驗，例如他說：「我告訴你們一個祕訣，一般命書不載，算是我多年來算命的經驗；日帶自刃，名叫日煞，本已兇暴難馴，萬一遇上時刃歸日，那就慘啦！這種女命註定剋夫，恐怕沒有男人敢惹她。」所謂「自刃」，就是自坐陽刃，情況並不多見，只有丙午、戊午與壬子三日；「時刃歸日」

指時支恰為陽刃，例如酉為日主庚的陽刃。

陽刃的學名叫做帝旺，屬於日主得一年中最旺月之氣，建祿則是得次旺月之氣，氣勢不凡，不言可喻；不過陽刃也好、建祿也好，須以月令為準，其他三支不算；時至今日，算命大師不分青紅皂白，只要在四個地支碰到都算，顯然不考慮規則的限制，那些結論也就鴉鴉烏了。

日主失令，氣勢攸弱，蓋印比有三，食傷財官有五，身弱無疑，當取印比為用，後天行土金運助起一臂之力，當有興發之機；這是扶抑用神的方法。知八字者還看出一些干支排列的奧妙，日主紮根於酉，並受日支辰生，助力頗大；其中日支象徵夫宮，暗示丈夫對她有助。「既然如此，為什麼還會淪落？」我們討論的是這個八字的得失，問命者往往探問個人命運的得失，因而有此困境；我們必須指出，此女的淪落與命理結構無關（當同命者都淪落時，才算有關），而與她的選擇有關，一旦倒果為因，就會迷失自我。

若按「有煞先論煞」，我們比較印比與財煞的強弱，印比有三，財煞有四，依舊身弱，但因紮有強根，不妨使用食神制煞，這是一個武格，一生沖激力大，勇於冒險犯難，在波動性行業中安身立命，適性適格，迅速締創佳績；遺憾的是，食神只紮微根（於辰），制煞力道不足，想要成就，必須付出許多心力。

太歲星君只是一個虛擬人物，因爲你永遠不可能找到他們，恭奉一杯約翰走路或請吃一碗滷肉飯。《封神演義》第九十九回記載，姜子牙奉旨回國封神，目的在於安慰那些戰死沙場的敵我將士，所封之神數量極多，包括三十六天罡、七十二地煞以及以殷郊爲首的六十甲子正神等等，分別獲得一官半職，然後高高興興領旨而去；究竟地說，那些神祇與台灣的三太子、五路財神、土地公同屬一個泛靈信仰的系統。

台灣民間信仰中的神明多數爲小說虛構人物，信眾的盲目與盲從，由此窺一斑而知全豹矣。神明若能替人消災解厄，根據「人不爲己，天誅地滅」的古老經驗，那些神職人員包括廟祝、童乩、桌頭等等首先獲得眷顧，早已發得金光強強滾，烏魚炒米粉了，還要繼續裝神弄鬼嗎？事實上他們依舊苦哈哈的，日子過得並不順暢，經常涉及不法而被扭送法辦，例如大甲鎮瀾宮、台北行天宮兩廟的主事者被控侵佔香油錢，北港朝天宮理事長交接典禮中發生暴力事件，以及八家將吸毒、販毒，都曾喧騰一時，引起社會側目。

筆記小說記載，一名道士以替人驅鬼爲業，享譽附近幾個城鎮；某日他應邀前往某地作法，那個鬼魅非常頑強，道士驅鬼不成反被鬼追殺，倒在路旁，奄奄一息，幸經一個路人伸手搭救，始免於難。

道士驚魂甫定，嘆了一聲：「咳，這個鬼實在有夠厲害，幸好我有北極玄天上帝保佑，終於逃出魔掌！」說完，他從口袋中掏出一張黃鼓仔紙寫的符令遞給該路人：「這張符能夠驅鬼押煞，保佑闔家平安，太上老君急急如律令。」

路人質疑說：「符若有效，你爲什麼還被鬼追殺？」

道士說：「唉，這你就有所不知啦，我這個符只能救別人。」

後來遇到這類損人利己的狀況，我們就說那是「司公符仔」；其實這是一個反諷故事，志在諷刺那些不學無術的江湖術士，藉著驅鬼押煞的名義謀生，其實鬼的影像是啥，他們既不清楚也碰不到。

一名卦師來到偏遠的鄉下，在一處十字路口進退維谷，正在徬徨時，湊巧有個路人經過，於是向他問路。路人反問：「你不是會占卜嗎？爲什麼不占個卦看看？」卦師答說：「我占過了，卦象顯示我要問路人……」

這個卦師算是有點見識，你難不倒他。

我也常遇這類狀況，一些嗜賭的朋友慫恿說：「聽說你預測樂透號碼神準，告訴我幾個關鍵數字，我中了大獎，給你吃紅。」我笑道：「我要是算得出來，何不自己去簽，獎金一億多（大樂透偶爾高達三億多），我一個人獨吞，豈不過癮！我要是告訴你號碼，讓你分錢，我才不幹呢！」

他們愣住了，覺得我的話有理，因此有點洩氣；不過隨即恢復愉快的神情說：「你的話好像有點道理，我們無力駁斥，但我素知你們這個行業有個禁忌，自己簽一定損龜，不如讓我來簽，我替你承擔災難，屆時我賺到了，就分你一杯羹，我們互蒙其利……」這種朋友見過世面，你很難用三言兩語考倒他。

癸未年初夏某日，一個朋友取來一卦問道：「我最近花了兩萬多元包牌，你看我有中獎的機會嗎？」所謂中獎，指的就是樂透。

戊午月庚申日（空亡：子丑）

—戌子孫
—申妻財
世　—午兄弟
--午兄弟
—辰子孫
應　×寅父母　巳兄弟

原卦「天水訟」，屬於離宮第七卦，俗稱遊魂卦；初爻動後變爲「天澤履」，那是艮宮第六卦。朋友問：「初爻爲什麼要動？」我說：「狀況發生了，就會透過動爻顯示出來。」他又問：「那麼這種卦顯示我中獎或損龜？」

兄弟持世，求財畢竟不可得，這是《野鶴老人占卜全書》記述的經驗，不信你可以翻書；在五行易中，兄弟專門劫奪財物，有如八字的比劫專門剋制財星，導致環境中的財勢枯竭，求財不順，不言可喻。初爻寅動化巳爲純動，根據五行易的規則，動爻將對其他五個爻造成生或剋的作用，寅動來生世爻午，表示這種動作對自己有利，讓你覺得信心滿滿；寅當然也會生三爻的午，增強它們剋財的勢力，故所費不貲。此外這個寅也去剋制二爻的辰與六爻的戌，辰戌都是子孫，寅牽制辰戌術語叫做父母抑制子孫，斬斷所有的財路，求財將不可能如願；總而言之，他老兄將被損得面青面綠。

朋友思索許久後說：「前天替我占卜的那個大師堅持這是一個吉祥之卦，簡單地說，一個上上之卦。大師說兄弟動來生世，有人助我發財；我相信他的話，特別送他三千塊錢……。」

我打斷他的話：「等等，你的意思是這個卦不是你親自占的，而是由大師代勞？」他說：「不錯，到他的命相館占卦都是如此；他的生意好得不得了，我排了一個多鐘頭的隊才輪到。」我說：「卦象顯示的吉凶結論其實都是『循業所見』，以個人的主觀意識看待這個社會現象；既然如此，那是循他的業而非閣下的，故無關乎你求財的準與不準問題。」

朋友大概覺得此事的學問太大了，非他所能理解，只好投降：「我們暫時別爲易理的事爭論，依你看，我中了獎沒有？」我說我斷不出來；他說：「哈，我終於考倒你了；告訴你好了，我當然中了獎，雖然只是尾獎兩百塊錢，那也算中獎，不是嗎？」

類似的問題之所以經常發生，理由無他，有人誤認中獎號碼是可以被預知的，事實上沒有人那麼厲害。美國NASA擁有全世界最精密、最高級的電腦，推算樂透號碼豈不是手到擒來！果眞如此，那些工程師早就腰纏萬貫了，他們還要辛苦上班嗎？

日本有個特異功能人士名叫馬立克，能夠精確猜中一場賽馬的前兩隻馬，許多朋友慫恿他上場賭兩把，保證卯死。他嚴拒說：「我一旦涉賭，開始也許贏定了，但是往後的準確率呈幾何級數遞減，大約從第三次起，功力盡失，跟你們沒什麼差別。」那個朋友說：「那就賭三把，狠很撈他幾十億如何！」他搖搖頭說：「你的說法很有創意；問題是特異功能消失了，我也混不下去了。」朋友說：「你有幾十億的鈔票，還要到處作秀幹嘛？」這個問題很大也很複雜，一時之間，不但馬立克無法回答，不相干的人也會傻眼；此事牽涉了一個人的價值觀，恐怕無法逼他就範。有人爲了利益涉險，甚至粉身碎骨在所不辭，特異功能人士寧願選擇表演賺錢，大概只能說人各有志吧！

清朝文士袁枚在《子不語》書中記載了一件趣事：平望有個周姓人家以擺渡爲業，某日他的木舟經過潮州橋下，不小心觸到岸邊一個骨灰罈，噗通一聲，骨灰罈掉進水裏。傍晚返家，周某發現妹妹生病了，正在那裏大呼小叫：「我是潮州算命先生徐某，我在世時，名聲遠播，總督、巡撫以及司道誰不尊敬我！你是什麼人？居然敢把我的骨骸丟進水裏！」更奇特的是，周某的妹妹原本不識字，發病後卻能讀書，並且懂得替人算命，有人寫了八字給她算，大致上還合乎五行生剋之說，卻不怎麼靈驗。

周某無計可施，經過別人指點，向當地的城隍爺投訴，周女果在次日醒來；她驚魂甫定，回憶說：「昨天夜裡，我坐在一處殿堂之下，兩個青衣拘了一個鬼來到天神的面前，那個鬼跪在地上哭訴他的骨骸被毀。天神說：『哥哥弄壞的，你卻找妹妹算帳，如此欺負弱小，爲什麼?你自稱能算命卻無力保護自己的骨骸，所謂斷驗如神，我看根本就是算命嘴、胡累累，生前哄騙別人的財物，死後還在那裏耀武揚威。『來人哪！』那個天神呼喚左右：『打他二十大板後，押赴湖州坐牢。』」說來奇怪，周女醒後不再識字，也不會算命了。

這個故事猛一瞧即知是杜撰的，目的在於教訓那些迂腐的算命先生連自己的骨骸都保護不了，還妄想替人解厄制化，實在不自量力，與前述的捉鬼道士有異曲同工之妙。袁枚是飽學之士，道德學問極高，教訓算命大師當然駕輕就熟，不過他使用的方法相當拙劣，恐怕難以引起共鳴。

數年之前，某女星座專家被男友刺死，成爲社會版的頭條新聞，當時就有人質疑說：「懂得算命應該就懂得趨吉避凶，既然如此，她爲什麼還會遭難?」說這種話實屬外行，不足爲訓；不過面對這類質疑，那個星座專家要是活回來，必然無言以對。算命先生、江湖術士一旦犯法，法官也會冷嘲熱諷說：「你不是會算嗎？有沒有算出挨告的事？」有些術士自我解嘲說：「當然算出來了，我今年犯太歲，表示我將被小人狙殺，死無葬身之地！」法官若想與他們一般見識，可能直攻要害：「你們能算，當然也能改，把厄運改了，不就萬事OK嗎？」面對這些揶揄，算命先生通常只有苦笑的份。

所有的災難都叫意外，顧名思義，在意料之外，因此沒有人、沒有儀器預測得出，否則就不叫意外而改稱意內了。朋友於是悻悻然地說：「遭遇如此重大的災難，八字與斗數居然不曾示警，我幹嘛花錢算命！我吃撐啦！」這些斥責或嘲諷都是固執己見，我才懶得理會！須知任何一種方法或儀器都有功能上的極限，他們迷信命理萬能，絕不可能得逞。

辛酉年秋天的某日，一個小男孩從台北搭機飛高雄探望父親，飛機在三義上空突然爆炸失事，機上乘客全部罹難；小男孩死時只有十一歲，少年夭折，令人興起無限的惆悵。

火六局的人初限從六歲到十五歲（見124頁命盤），大限命宮與先天命宮同

廉貞 貪狼 癸巳	巨門 祿 火星 天鉞 右弼 甲午	天相 鈴星 乙未	天同 天梁 陀羅 地劫 左輔 丙申
太陰 壬辰	辛亥年五月×日酉時 男命		武曲 七殺 命宮 丁酉
天府 辛卯	火六局		太陽 擎羊 戊戌
地空 天魁 庚寅	紫微 破軍 文昌 忌 文曲 辛丑	天機 庚子	己亥

紫府朝垣不逢輔弼，孤君一個，擅長單打獨鬥而無法群策群力；當然也形成昌貪惡格，讓他們不務正業，學非所用。

上述都是在正常的人生狀況下從事的命理分析，而不涉個人的災難甚至死亡，因此我們必須假定他們都是長命百歲；一旦堅持把生死存亡的事一併提出，保證當場砸鍋。

位，這種情形頗讓一些初學者無所適從，因爲宮位結構與星群組合並不相同，也許爲了分辨其間的差異，清朝年間出版的《紫微斗數全書》（負子子潘希夷編著）主張「命宮不起大限」，果然將先後天區隔出來。不過我認爲那種方式大有問題，因爲潘某忽略了下列二事：其一是命與運必須分割，命是基本架構，運是後天行程，兩者所司互異，不能混爲一談；其二是大限的祿忌（或四化）重新定位後，由宮干化出的祿忌位置仍然會有差別（除非宮干與生年干相同）。

在這種認知下，丁酉大限太陰化祿於辰，這個辰爲疾厄宮，巨門化忌於午，這個午爲子女宮，與先天的巨門祿、文昌忌毫無瓜葛；進一步說，祿忌全在非意志之宮，故不涉及個人的安危；「既然如此，爲什麼還會遭難？」一個朋友看出一些端倪：「〈斗數骨髓賦〉記載，『昌廉居命，粉身碎骨』與『七殺廉貞，路上埋屍』，這兩個格局在先天結構中形成，註定了他將死於非命；辛酉年歲限同宮，文昌再度化忌，終於引爆災情，這是劫數難逃。」我認爲他只是一個事後諸葛亮，因爲一週之前，他絕不敢如此鐵口直斷。

生死存亡的事無法討價還價，因爲只有一次（You can't die twice.），這類非意志事項何時蒞臨，命理迄今仍然只有望盤興嘆的份；我的說法就算金科玉律，不信邪的依舊不信邪。一些大師試圖從中找出蛛絲馬跡，有個朋友說道：「沒有一個家庭不期待孩子長大成人，也沒有一個家庭認爲他的孩子可能少年夭折，顯示夭折、短壽事出有因，找出那些因素，命理才能被譽爲神仙之術。」我說：「若是一個祿命式，絕不可能有答案；假設從命盤中找得到了，則同命者都要夭折，這種道理很清楚，你幹嘛要漠視！」

他說：「話這樣說也許不錯；有一事我則不甚明白，其他的人不搭那班飛機，因此不虞猝死，表示他之所以搭那班飛機，有個我們難以推知的動機在促成；你知道那是什麼嗎？」

我說：「那個動機既然不爲我們所測知，問我等於問道於盲。」

「從因果關係上說，搭上那班飛機必死，不搭則不死（也許死於其他因素），證明做了某事才會肇致某種後果。」他於是下個結論：「原來搭機而死只是一個偶然而非必然；試想飛機失事爆炸，好幾百人頃刻間死去，他們難道都該死？其中眞的沒有不該死的？你必須能夠回答這種問題，才算眞有本事。」

命理是一千年前的產物，創始者與使用者均不知命理屬於一種共性推論，意思是說推論出來的任何一個結論同命者都要符合，因此不能只針對某些特定的人士發威。斗數大師拚命在特性中發揮，當然通不過經驗的檢證。

第一，命理概由時間定位，因此命（先天結構）與運（後天歷程）必然循著一定的路徑在發展，而不致中途改弦易轍，從此走了岔路而改變了命運的軌跡。

第二，命理雖被渲染爲神仙之術，所有言談，只能信受而不得質疑；我們依據「反例證法」證明，沒有一種祿命程式能夠推測災厄與陽壽。八字（命盤）相同，陽壽卻異，最好探討一下爲什麼會異，而非大搖其頭說：「奧卡細呢！上次斷準了，這次卻不準，……算我倒楣，我不收你的潤金。」

即使如此，占星大師依舊信誓旦旦，堅持銀河系那些星座的磁場牽引了地球上的生靈，不但能夠賜福，而且得以肇禍；有些大師還說，若能了解磁場發展的方向，就能預知災難何時降臨，趨吉避凶將不在話下。大師言之鑿鑿，令人敬佩，既然如此，若問：「那個女專家仍然無法倖免於難，原因何在？」他一旦無法解答，就會顧左右而言他。

算命先生也好，星座大師也好，畢竟無力窺探生死存亡的奧祕，這是祿命式的不足，與這個人的功力高低無關；從佛教的觀點看，災難都是惡業起現行，根據「惡業現前，神通無效」的經驗法則，確定沒有人能夠逃避，就算預知死神降臨了（這也是不太可能的事），也只能眼巴巴地看它親臨尊府，然後殺個血流成河。

果然好命

學理論命與江湖算命，
最大的差異無他，唯神煞而已，
前者使用五行的生剋制化，後者神煞滿天飛，
諸多古籍中只有少數能夠避免神煞的污染；
作者馳騁於學術領域中，
超越傳統論命的窠臼；
其餘都在大談特談神煞的功能，
看得人眼花撩亂。

論命現場，算命大師神情怡然，指著命盤說：「這步大限祿權夾事業宮，化祿象徵財福，你將擁有大量的金錢，夠你遊山玩水、吃香喝辣；化權象徵權柄，你將獲得名位，誰都不能剝奪。假設你既不想陞官、也不想發財，那麼祿權將庇佑你婚姻幸福，家庭美滿……」

顧客問：「憑什麼這樣說？」

在一般狀況下，就算把大師的皮剝了，他也不會洩漏隻字片言，以防有人學了他的法門跟他搶生意；不過斗數已經成爲一門顯學，整條街的人都知道怎麼推算，大師遇到老顧客也會欣喜解答他們的疑惑：「事業宮的對宮就是夫妻宮，兩個宮位的星曜相輔相成、相互照應；古人說過，先齊家，然後治國、平天下，兩者榮辱與共，不是嗎？」此說當然合理，但這只是社會現象合理，命理之理是否合理，還有討論的餘地；算命大師判定這個命格是高是低、是好是壞，根據簡陋的語言與粗糙的推論技術，得出一個簡潔明瞭的結論，自然不可能精準到哪裏去。我聽過某大師對顧客說：「財官印天干三奇，這種上等好命拿到當鋪都當到高價。」這是自我意識涉入，嚴重的技術犯規。

有些大師見顧客衣著寒酸、談吐無趣，馬上露出鄙夷的神色說：「傷官坐旺，這種女人用尪傷重，妳尪沒被妳剋死，算他的祖墳有靈；古人說得好，傷官見官，爲害百端，妳註定孤苦無依，成爲一個孤單老人。」如此這般，好像在宣讀一篇討伐強敵的檄文。大師根據自己的認知說命，而非從八字的生剋制化或斗數的宮星關係中客觀且嚴肅地探討命運的興衰，因此想從那些言談中發現眞知灼見，當然是「麻繩串豆腐——甭提了」。

我在一本命書中讀到這個八字，神煞滿紙，簡直怵目驚心；作者當然也是大師，他的功力之高超，論斷之靈驗，據說連徐子平都瞠乎其後：

甲寅	貴人
壬申	月德
辛卯	咸池
癸巳	驛馬 孤辰 亡神 九醜

大師指出，此女十七歲庚午年開始結交男友並迅速陷入熱戀中，愛得死去活來，但是感情基礎不穩，時常相互猜忌，十八歲那年終於宣告分手。十九歲雖然還在求學中，卻經常外宿不歸，並與不良少年鬼混，一副辣妹的模樣。大師娓娓道來，讀者誤以爲都是從八字干支中獲致的答案。有人難免問道：「這種敘述若是眞實，從哪裏看出來？」大師不曾說明，外人當然不得而知。

壬申、癸酉兩年，除沖合桃花外，也與亡神作合，難免淫蕩，男歡女愛，夜不歸營；大師於是斬釘截鐵地說，「行運一旦遭到忌仇神的阻礙，災難就會降臨，屢試不爽。」這種說法當然大有商榷的餘地。

理論上說，某人做某事無論出於自願或者被迫，最好自己負責而不能牽拖別人；上述行爲既然顯示出來，那麼從八字中觀測得出嗎？答案也許是肯定的；如此一來，就會遭遇一些思考上的困境。舉個例說，老張患了肺氣腫，從X光片中顯示他的健康亮起紅燈，那麼是X光片害他生病的嗎？命理程式與X光並無二致，因此把命運坎坷的責任推給八字，就好像把疾病推給X光片一樣，都是非理性的指控。此造財多，古籍指此爲「財多而淫」，那是什麼古籍？不但應該指明，而且必須辨正，否則只會貽誤後世。

大師引用古人的資料，證明「壬癸水食傷洩身，不下賤就會剋夫」，顯然又是胡亂指涉；這類古說其實都在敘述一些個案，當年也許有人犯過，卻非所有同命者都犯過，因此不宜貿然引用，否則就會鐵板踢得哇哇叫。此外他將生命中的事項利用「不如何……便如何（若非，則是）」加以規範，看來漏洞百出，不足爲訓。「咸池爲酒色之星，犯之者耽迷不檢」是她常換男友的元兇嗎？當然也要辨正；時支見驛馬，叫做「貴人乘驛馬」，這種女性「決主風塵之美妓」。由此觀之，此女的遭遇絕非平白發生，在八字中都找得到學理的依據。

上述論法有個特色，始終在神煞中盤旋，繞來繞去，無一不是神煞顯示的特殊效果，堪稱乾淨俐落，不過都是按圖索驥（看圖說故事），不必繁瑣的推論，當場驟下一個定論，恐怕禁不起經驗的檢證。若從正統的論法看，日主雖然當令，無印有比，其比有二，食傷財官高達六個，顯然身弱，反而需要印比濟助。此造最大的缺點有二，其一是寅申一沖，根基動搖；其二是用神（戊己土）都是藏支，喜用一旦乏力，難以締創佳績。

學理論命與江湖算命最大的差異在於神煞，前者使用五行的生剋制化，後者神煞滿天飛。我讀過的古籍中只有少數能夠避免神煞的污染，例如《命理約言》（陳素庵著）、《子平眞詮》（沈孝瞻著），作者馳騁於學術領域中，超越傳統論命的窠臼；其餘的連篇累牘，都在大談特談神煞的特殊功能，看得人眼花撩亂。

傳統的觀念認爲，好命者不但福澤綿長，而且長命百歲、多子多孫多福氣，唯有如此，才算圓滿，事實呢？事實當然未必。上述諸項各自獨立自主而互不相涉，一旦牽扯一起，勢必沒完沒了；究實地說，好命只是命理結構優異，而不涉六親興衰、福澤厚薄以及陽壽長短。帝制時代的王公貴族夠好命了吧，但他們仍不乏壯年夭折，例如洪武皇帝的太子朱標猝死、乾隆皇帝的子女、后妃都來不及享福就大量死亡。

日本德川幕府在這方面更勝一籌，第一代德川家康三歲時母親被迫改嫁，八歲那年喪父；第三代家光患有口吃，體弱多病，育有四子，次男與三男早夭，唯一的女兒二十八歲病歿；第七代家繼四歲那年當了將軍，七歲患病死翹翹。最可憐的要算第十代家治，十二歲喪母，二十四歲喪父，三十四歲喪妻，兩名女兒分別在年輕時病故，幾年之後長男也因食物中毒而嗚呼哀哉。

我們一直有個刻板的印象，當一個人命好運佳時，不但妻賢子孝、福澤綿長，而且健康長壽，活到八十歲還能上山下海。一個朋友說：「我這樣子問好了，必須具備哪些優異的條件，才算一個佳構？」古人論命，向來只是區分富貴與貧賤而絕少提及高低好壞，富貴貧賤其實才是一種社會價值的取向，說那是算命的終極目標也不為過，不過對命格良窳的敘述明顯地含有強烈的主觀認定，難有客觀陳述的標準。

唐朝長安街頭有一家酒肆，老闆娘是個壯年婦女，姿色平庸，一看即知是個普通的良家婦女。某日，撰寫《推背圖》成名的兩名欽天監李淳風、袁天罡連袂走入，點了一些酒菜，準備小酌一番。就在此刻，這兩名政府官員發現老闆娘相貌端莊，語言中肯，異於尋常百姓，於是藉機攀談起來，最後獲得一個結論，此女未來理當大貴，應該是個官家的命婦。

有個叫馬周的小伙子雖然自小勤學，但是命運坎坷，居然弄得三餐難繼，曾有相士觀察了他的相格後說：「老兄相貌突出、色潤氣爽，騰達必速，不鳴則已，一鳴驚人；在未來的二十年中，置身朝廷、位列宰相，我給你掛保證。若說有什麼缺憾，就是壽元不永，希望能夠廣積陰德，補其不足。」

馬周當時已婚，為了生活，太太只好拋頭露面，開酒肆賺錢養家，就是前面說的那個老闆娘。上天一旦註定馬周富貴，馬周就不能繼續開酒店；在某個特殊的因緣下（文中並未提及），他獲得唐太宗的賞識，拜為儒林郎，累官監察御史，然後吏部尚書、中書令；他的太太也被朝廷封為夫人，李袁兩人的預言果然如響斯應。

這個故事志在強調「將相本無種」、「英雄不怕出身低」的道理，符合教育學揭櫫的力爭上游的理念，只要命格高尚，無論目前情況多麼糟糕，未來仍能鷹揚豹變，位居朝廷大員，成為統治階層。舉個例說，命盤上煞多吉少、八字中食傷官煞混雜，這種人的性格不太穩定，無法平心靜氣讀聖賢書，因此考試不利、屢戰屢敗，逼不得已改習百工，從異路功名的方向發展，假以時日，仍能異軍突起。有些人則因吉多煞少，動力不足、慾望不高，因此只願耽於安逸而缺乏冒險犯難的精神，除非天上掉下功名，否則此生難有大成就。

我們再來檢討一個命例（見138頁命盤），觀察其間一些命運得失的概況：

天機坐命，有什麼特別的功用嗎？有些大師說，此人機靈多變，喜新厭舊，勇於創新，並以挑戰權威為生平樂事，這些都是優點；缺點呢？三心兩意，心神不定，缺乏一個中心思想，無法長期堅持一種信念。

上述說法也許對、也許錯，無論對錯，都是一種偏見；「憑什麼這樣說？」僅憑命宮的主星就哇啦哇啦說了一堆，簡直與瞎子摸象無異，想要摸清一個命運架構的眞相，斷無此可能。我們必須仔細斟酌三方諸宮的主輔諸星，觀察整個命理架構，才能發現命運運作的軌跡。

㈠事業宮在酉，內無一星。

㈡遷移宮在亥，太陰與地空、地劫坐守。

㈢財宮在丑，天同、巨門與陀羅、天魁坐守。

天機 命宮 己巳	紫微 庚午	左輔 右弼 天鉞 辛未	破軍 壬申
七殺 文曲 戊辰	甲申年四月×日子時 女命 木三局		癸酉
太陽（忌） 天梁 擎羊 丁卯			廉貞（祿） 天府 鈴星 文昌 甲戌
武曲 天相 火星 丙寅	天同 巨門 陀羅 天魁 丁丑	貪狼 丙子	太陰 地空 地劫 乙亥

事業宮不著一星，事業心軟弱，無力承受重任，那麼這種人註定無法擁有事業嗎？當然沒有這種說法。

在生命歷程中，她並非諸事安穩，相反的一直在那裏蠢蠢欲動，希望建立自己的政治勢力，締創一些彪炳功勳，如此一來，命盤所示與現實所遇差異極大，倒是讓人大吃一驚。

從結構看，3/4的機月同梁兼1/2的巨日，主星四顆，能量中等，輔星也是四顆，慾望稍低；這種人絕非能夠力拔山兮氣蓋世，開疆闢地、締造佳績之人。作爲一個女性就不忍苛求了，蓋找份工作、嫁個好尪，從此心滿意足。財宮坐有兩顆主星、兩顆輔星，顯示這方面（支配財物、享受財福）的慾念很強，若往這個方向發展，看來比較得心應手。

那麼「按傳統命理之見，主輔諸星該照多少才算優異？」以目前的數量（主四與輔四）看，無論承載量或者動量都在中等上下，不算特殊，五顆以上才算多。

若問：「上述命格優異嗎？」多數人也許異口同聲說：「糟透了！」一干煞星照命，這些煞星的性質是阻礙多、順遂少，故一生操勞，所得不多，豈能指望獲致什麼成就！他們說：「事業空虛，事業心軟弱，這種人將無力承擔重任，最多在低級政府（鄉鎮公所）做個課員，這是命中註定，人力無法回天。」我告訴他們：「其中一人也就是我們想談的這個女士，做過民意代表（立委）、行政首長（縣長），資歷算是不錯，不過這些都是過去式；她目前在政府機關坐第二把交椅。」此事看來有點蹊蹺，頗讓算命大師跌破眼鏡，有些人雖然不置可否，但也會滿腹疑惑地問：「那些職位、職務算是一個事業嗎？她眞的經營過事業嗎？」

副元首的位階極高，「一人之下、萬人之上」，雖然憲法規定她存在的價值不如想像中那麼偉大。剛才說過，她位高權重與命理的關係堪稱微乎其微；易言之，絕非由那些星曜所賦予，否則同命者都將擁有此一高位了。

台灣現階段的行政首長概由選舉產生，職位與職務皆由民眾所賦予，四年之內，這些首長將率領他們的團隊負責推動國家的行政機器，處理相關的行政業務，準此而言，命格不能太柔弱、運勢不能太低落，否則這台機器將一路晃動，搖搖擺擺，談不上什麼政績。

「她雖然位居要津，與斗數星宮的關係如何？那是天機坐命的功勞嗎？抑或丙子大限天同化祿感應的效果？」其間並無瓜葛，因爲命理顯示的命運起落軌跡都是內在的，一種內心世界的想像，經由斗數命盤揭露出來，終於讓我們看清一些命運發展的脈絡。

傳統的說法是，照到煞星，頓成破格，格局既破，命運從此坎坷，無論後來的成就如何，人生歷程中難免有些遺憾；她參加民主運動而遭當局逮捕，身陷囹圄，半生動盪，寢食難安，因此確定那不是一個好命。這種論法顯然站在儒家思想的角度看待人生與世相，而非西方開放的人本思想，以人的本性趣向為導。

煞星被定義為慾望，照煞愈多，慾望愈高，隨時都在起心動念，想這要那，人生過程固多彩多姿也；但別忘了物慾高漲的人常遇逆境，飽受命運之神的摧殘，推其原因，當是慾望多半無法實現，讓人心生焦慮，此外一旦遭遇挫敗，也會呼天搶地或推三阻四。所以命局優劣互見、利弊並列，而不太可能純吉或純凶。我們一旦要求行運中化祿遍照三方，恐怕也是趕鴨子上架；至少化忌不入事財二宮，造成動盪難安，便是吉命一個。

命理研究者大多領教過傳統「非吉即凶、非好即壞」二分法的厲害，這也是流傳了至少一千年的主流意識，絕少人能夠提出第三種概念。何謂「第三概念」？一言以蔽之，就是使用中性的語言詮釋一個命理結構。根據這類「二值邏輯」論命有個優點，不是吉就是凶，反之亦是，非常清楚；缺點則是易流於膚淺的價值判斷，因此不能不有所警覺。

好命的條件

無論哪個朝代，
好命宛如鳳毛麟角，爛命則到處充斥；
即使如此，
八字對好命、歹命的分際依舊十分模糊。
大致上五行俱足、旺度平均，
達到中庸之道，便是一個吉命；
相反的，五行過度集中，
無論身旺或者身弱，都是偏孤之命。

二十幾年前，年輕貌美的陳小姐嫁給英俊瀟灑的陳先生，當時同姓結婚在某些社會階層中仍被排斥，他們自然而然遭到雙方家族極力的反對；但是愛情至上，兩人相愛足以抵抗地球，決定不理家族異樣的眼光，毅然決然成親。就在正要觸礁之際，他們連袂去算八字，算命大師預言說：「你們的婚姻屬於相欠債，上次他欠妳，這次妳欠他，債權一旦成立，就算天涯海角，也會追蹤而至；別忘了債務還清之日，就是生離死別之刻。」

這類預言看似無稽，卻不幸而言中，讓人覺得有點詭異。在婚姻的過程中，陳小姐經歷了許多人不一定經歷得到的痛楚，包括丈夫外遇、子女棄學、生活陷入困境以及婆媳不睦等等，每件都令她刻骨銘心。她的命格既然被算命大師評爲「劣等」，註定貧困一生，縱然能夠成親，多半要「扛尪枷」，意思是替丈夫受苦受難；此事既然早經註定，當然沒有討價還價的餘地。

我沒有陳小姐的八字，因此無法探討她的命運得失，頗爲遺憾；下列八字是一位李小姐的，她們的際遇類似，堪稱同病相憐：

癸巳
辛酉
丁卯
戊申

「丁火生於酉月，名爲長生，實則死絕之地；時落戊申，透偏財辛金於月干，生年干癸水之煞，剋洩交加之命，當以印比綬扶身爲用」。「十二長生」包括丁生酉月、乙生午月等，都叫陰長生，其實五行只有陽長生而無陰長生。

這種觀念沿襲的時間甚久，且已根深柢固，想要改變，非常困難。

大師說，「卯被酉沖，巳被酉合，卯申也在暗合，印綬終於受傷倒地」，上述三事只有卯酉沖是確定的，其餘的巳酉半三合、卯申暗合都是虛假的，畢竟只能滿足一些人的想像；退一萬步說，巳酉與卯申之合若是眞實，豈非解開卯酉之沖嗎？身弱者當取印比爲用，應無疑問。

面對那些盤根錯節的干支，大師接著說，天干癸辛戊都是剋洩之物，洩弱日主的氣勢，不過此事的吉凶仍未確定，仍須斟酌地支的生剋狀況再做定奪。地支見了印比，有根有印，有個託身之處可以不致漂流。

此女十七歲失去童貞，依大師之見，那是「大運壬戌與日柱丁卯上下皆合，地支會申酉戌西方金，兩酉沖卯」所致；對嗎？當然不對。一個女人失去童貞，有時出於自願，有時出於被迫，無論何者，無一與干支結構有關，八字也管不到這一段（八字怎會去管人家失貞呢！）。假設有關，問題就會變得十分棘手，因為同命者一概如此，那就不是在討論命理，而是在做道德審判！

十八歲那年，她被男友拋棄，十九歲驛馬逢貴人，淪為風塵女郎；根據大師的推論，癸亥大運中經歷了庚申、辛酉到癸亥，都是帶凶之年，因此確定那是流年見煞的惡果，與自己的行為無涉。他說，「月柱與日柱反吟」最凶，若非剋夫，則是離婚；此外財旺破印，女命逢之，必為一個賤格，因為古典命書也說，「財多的人好淫，貴人乘驛馬，屬於一個風塵中的美妓」。

上述似乎都在災難中發揮，讀來感覺毛骨悚然；何以如此？大師沒有說明。很多朋友在問：「一個人在凶年中四處碰壁，固然十分沮喪，那是她淪落風塵的原因嗎？」問大師，當然點頭；問到我，也許變成一個搖頭族。

我們必須嚴肅指出，此女之所以淪落，純屬個人的選擇（也許環境強迫她做此選擇），而非那些干支拿著刀逼著她淪落。既然如此，「月柱與日柱反吟」（形成天剋地沖之勢）之說顯然只是套命，全無認知的意義。大師根據「財旺破印」，認定此女「命格低賤」，當然又是江湖算命一貫的伎倆，他們擅長把所有的事故歸咎於命理，這種現象無以名之，稱爲「唯命論者」可也。

唯命論者必然強調，人生的吉凶福禍概由命運產生，這種說法庶幾近之，但接著主張命運的成敗從八字中窺探出來，那就錯得離譜了。乍看之下，大師談的是「此女的命運」而非「這個八字造就的命運」，前者是針對某特定之人而論，後者則代表某人只是其中之一，所有的結論同命者都要符合。

前面那個替陳小姐算命的大師有個習慣，他瞧見顧客西裝革履、態度從容，知道那是富貴之人，當場就拍胸脯掛保證說：「官清印明，官印一旦爲用，獲得社會地位宛如桌上拿柑；這種八字就算拿到當鋪，都能當到五百萬元。」偶見顧客衣著寒酸、面有菜色，那麼絕不給好顏色看，他盡挑壞的說：「傷官見官，爲害百端，孤苦無依，這輩子還想混嗎？我告訴你，這個八字要名無名，要利無利，一世人撿角啦……。」

如此這般，好像在宣讀一篇聖旨，誰敢違抗，誅殺九族；顧客好像吃他那一套，因此算命館生意興隆，門庭若市，也是怪異至極。

林森做過國民政府時代的參議長、立法院長、主席，宦海無波、位高權重，如此優異的表現，在算命大師的眼中自然拜八字干支之賜，方以致之。大師的批論精采絕倫，與前造恰恰相反，他盡挑好的說。

戊甲丁戊
辰寅卯申

日主屬火，丁乃陰火，象徵個性慈祥；出生於正月初春，時正木旺，地支寅卯辰會東方木局，木火通明生生不息，象徵其人豁達聰明，不為名利而名特顯。

上述的「丁乃陰火，象徵個性慈祥」與「木火通明，象徵豁達聰明」兩句，無疑的是在替林森量身訂做，正統的八字絕無那種說法。

大師指出，「命為傷官用印，貴格又獨財獨官獨煞，必勝大任，得人擁戴，地位尊貴華榮；未來行運東南方火運，吐氣揚眉」。如此這般，仍然不脫套命的老把戲，把林森的生平事蹟套進八字中，果然斷驗如神；由於缺乏辨識與檢證的過程，這類推論沒有參考的價值。

大師說的獨財（申中藏庚）、獨官（申中藏壬）、獨煞（辰中藏癸）似乎都是存在的，也是江湖大師的獨門用法，現在幾乎沒有人會那樣說，而改說財與官煞均藏地支，其中申爲本氣，辰中藏癸、申中藏壬都是微根，財官的勢力衰微，難以發揮作用，不如想像中那麼美妙。

傳統還有一個訣法，被後世的大師遵行如儀，就是「再優異的格局一旦照煞，就算破格」。爲什麼？道理很簡單，格局有損，福澤必有失，障礙於焉出現，讓一個人從雲端霎時跌到谷底，從此只能在民間百工中託身。在「萬般皆下品，唯有讀書高」的封建社會中，下品就是那些從事工藝、苦力的人，等於現代的勞動階級，永遠別想晉身中上階層社會；這對在仕途上力爭上游的人而言，無疑是個晴天霹靂。

某大師告訴我：「行東南木火之運大吉，證明林森身弱喜用印比，他當然身弱。」依我觀察，當然沒那回事；比較我（日主）與環境的強弱，判其身旺或身弱，印比有四，傷財也有四，勢均力敵，堪稱一個中和的命。傳統認爲中和之命不再取用，蓋無論來了哪種五行都不呼應吉凶；現代命理則主張仍要分出高下，方法是在當令者中加權○．五分，印星當令，故身稍旺，那麼他不妨在食傷生財、財生官之中擇一爲用。命中傷官高懸，官煞深藏，自然而然以食傷生財爲用，這是一個富格，又稱「異路功名」，意思是說他只能在民間百工中安身立命，致富之後透過捐官、納貢取得一官半職。

傷官與財星均爲本氣，喜用攸旺，假以時日，致富何疑。有人指出：「按理說林森必須走富庶的路，才算呼應了命中的優勢部分，如今棄富就貴，居然還成爲一品大員，這又爲什麼？」每個八字都有優點、也有缺點，我們根據干支排列看出哪個較優而推論成就的高低，這是命理一貫的主張；人生歷程中並非事事都能如願，因此選擇了次優的方向，也是無奈的事。他若改行經商，說不定會成爲像胡雪巖那樣的鉅富。

此造的缺點在於印旺而非日主坐旺，印旺是木當令且成群，日主弱勢則是只紮微根於寅上，這種人通常無力承受太多的罪福，一旦進入權力的核心，大約只能作個太平宰相，一旦碰到國家動盪，他將不知所措。

「好命」的條件必須嚴苛，讓人覺得彌足珍貴，也藉此排除那些阿狗阿貓，蓋好命之人滿街走，那就名不副實了。舉個例說，一個城市人口一百萬，富翁一兩人，這種富庶才有價值；假設富翁高達兩三百人，一塊招牌掉下來，居然砸中三個，那就無聊了。無論哪個朝代，好命宛如鳳毛麟角，爛命則到處充斥，這個社會讓人覺得無奈與痛苦。

即使如此，八字對好命、歹命的分際依舊十分模糊，大概五行俱足、旺度平均，達到古人盛讚的中庸之道，便是一個吉命；相反的五行過度集中，無論身旺或者身弱，都是偏孤之命。不過吉命是否爲好命、劣命是否爲壞命，歷代以來都因爲觀念不一致而有一些爭議。

傳統命理指出，「好命之人得天獨厚，尤其玉皇大帝自暗中指令六丁六甲、謁者功曹下來保護，從此無病無災到公卿」；根本沒有這回事，我認識的幾個朋友都是典型的好命人，卻屢遭變故，若非家道中落，就是家屬惹上橫禍者不乏其人，讓人猜不透。一個朋友說得好：「若是如此，他便非一個好命之人。」

陳小姐歷盡難以忍受的苦楚，終於苦盡甘來，她自認命運坎坷，但從不怨天尤人，我想這才是她得以全身而退的主因。她說：「算命先生怎麼論，我不予置評，我覺得自己的命很好就夠了，不是嗎？」確實如此。

李小姐就不同了，她迄今仍活在早年不幸命運的陰影中，無法從困境中解脫出來，她後半段的人生看來仍是灰色的。

教授算命記

當物理學教授以算命為業時，
他就是一個貨真價值的算命先生，
而不再是物理學專家，
除非他能依學術理論談命，
所有言談，也皆合學術的規格。
這個行業是個大染缸，一旦撩下去，
迅速變成一個江湖術士，
從此別想全身而退。

「教授業餘下海算命，你認同嗎？」

「職業無分貴賤，誰都可以執算命為業，因此沒有認同的問題。教授下海算命與教授下海主持電視節目、教授做傳銷或教授競選立法委員一樣，都值得尊重；不過他若是一個負責的教授，上課之前照例需要準備很多資料，那麼他大概沒有時間兼營其他的生意，替人解決疑難雜症；他若辭職或被學校解聘了，就不再是個教授了。」

「我說的是業餘論命、看相、勘查風水，他們的本行仍是教授；教授是高級知識分子，學理精湛，良知無虞，與世俗的算命先生不可相提並論。我認識的幾個教授算起命來，引經據典，言之有物，除準確度較高外，應該還有其他的特殊效應，譬如不敢信口開河，語不驚人死不休……」

「若持此想，那就太不了解台灣教授算命的行情了。」

我問朋友所謂「教授的行情」指的是啥？他說，在傳承中，命理這個領域鮮有高級知識分子的參與，執此業者的知識水平普遍不高，所有言談不是胡亂捏造，就是隨便指涉，極少有具眞知灼見者。最近終於有了改變，一些擁有高學歷的學者，包括教授、博士紛紛捲起袖子跳出來，這就是一件可喜可賀的事。

台灣社會普遍存在著一些異象，卻也見怪不怪，許多朋友動輒把學位掛在嘴邊、寫在名片上，公開場合中，幾個貴賓交換名片，陳會長是「哈佛法學博士」，張副董是「史丹福材料工程學博士」，林副理則是「普林斯頓大學物理學博士」。理論上說，學位只能證明他多讀了一點書，獲得某所大學的認可，而非證明他們擁有使用相關知識的能力——「學歷」與「學力」音同義不同，相差卻以道里計；學力係使用知識學問的技巧，獲致一些傲人的成果，舉個例說，法學博士（假設還考上了律師）在法庭上替被告辯護，可能輸給大學畢業的專業律師。教授則是另外一番境界，升等需要論文送審，由教育部審查通過；博士不見得都是教授，教授也不一定就擁有博士學位。即使如此，當我們發現教授也在算命、看風水時，忍不住要脫帽敬禮。

現代社會中，博士、教授以及擁有特殊專長者都算是高級知識分子，他們不再忌諱粉墨登場，我們當然樂觀其成，至於藉此提升命理的水準與社會形象，當然也是求之不得；無論演易、算命、看相或者看風水、推奇門遁甲，由於說理清楚，儼然一股濁世清流。美中不足的是，雖然亮出學歷招牌，這些教授忘了告訴我們他專精哪門學問、在哪所大學任教，難免給人一種打馬虎眼之憾。此外高級知識分子若要參與命理研究，當然要挑艱鉅的做，從建構理論開始，探討祿命的基本原理、推論的方式以及論斷的客觀標準，而非搞姓名學、斬桃花與勘查風水，這些項目顯然以賺錢為目的，與江湖術士固無異也。

一個人能夠接受高級教育，論聰明才智，一定不錯，也懂得辨別是非，勇於服膺眞理，研究學問自然無礙；不過在台灣好像不能如此樂觀，例如有個大學教授在看風水，兩個博士在吹噓江湖改運的祕術，一個台大碩士專搞姓名學，都是漪歟盛哉！某教授在廣告中說：「某家公司呆帳甚多，無計可施，老闆接受我的建議改了良名，那些呆帳通通收回來了。」這種話出自一個知識分子之口，自然語驚四座。

古代沒有學歷的區分，通常是經由科舉制度的篩選，從縣考、鄉試到會試、殿試一路上去，有幸被欽點進士，然後選入翰林院供職，大概可以稱爲高級知識分子，套用一下現代的位階，這些人非教授、博士莫屬。他們一旦涉獵命理，絕非只想替人算命賺點銀子花花，而是深入其境，考其推論的眞僞，著書立說逐漸累積成爲一些書冊，就是我們熟知的古籍。

這類專書或篇章的學術價値坦白說不高，稱得上典籍的更是鳳毛麟角，舉個實例，明朝《三命通會》編者萬民英與清朝《命理約言》作者陳素庵、《子平眞詮》作者沈孝瞻都是進士出身，陳素庵據說還做過內閣大學士，他們對命理的了解在現代人看來仍然不過爾爾，蓋連能算、不能算的界域都搞不清楚，就別指望提供什麼眞知灼見了。

翁小姐在台中一家百貨公司擔任採購主任，她性格豪爽，做人阿莎力，是個一根腸子通到底的人。她在一次社交場合中認識了李副教授，得知李副教授正在研究命理，頗爲傾倒。兩天之後，他們邀約在一家咖啡屋見面。

李副教授取出手提電腦，迅速排出命盤（見158頁命盤），推敲半晌後發話說：「武曲居財宮，註定的富格，這輩子財產累積沒有一億也有八千萬；問題是

<table>
<tr>
<td>太陰 左輔 天鉞
乙巳</td>
<td>貪狼 鈴星
丙午</td>
<td>天同 巨門 文昌 文曲
丁未</td>
<td>武曲 忌 天相 地空
戊申 財宮</td>
</tr>
<tr>
<td>廉貞 天府 火星
甲辰</td>
<td colspan="2" rowspan="2">壬寅年二月×日卯時
女命
木三局</td>
<td>太陽 天梁 祿 右弼
己酉</td>
</tr>
<tr>
<td>天魁
癸卯</td>
<td>七殺 陀羅
庚戌</td>
</tr>
<tr>
<td>破軍 地劫
壬寅</td>
<td>癸丑</td>
<td>紫微 擎羊
壬子 命宮</td>
<td>天機
辛亥</td>
</tr>
</table>

先天命局強勢，由於缺乏輔佐之臣，一個孤君而已，這種人性格冷峻，難以合群；尤其孤君逢煞叫做孤剋，這種剋力相當殘暴，不宜等閒視之。

殺破狼只見其一（貪狼在遷移宮），原來不被期待有什麼作爲的，卻形成火貪與鈴貪兩個武格，這種現象叫做「意外的人生」，顧名思義，她的人生到處充滿意外與驚奇。

有顆地空進來攪局，此星唯對財物不利，暗中耗損錢財；古籍指這種現象叫『半天折翅』，鳥在空中自由翱翔，十分愜意，突然翅膀斷了，妳說那是什麼景象？那是一個象徵說法，用在現實環境中，就是在肇致一件事故之後，財物被劫一空，還歸於無，一切從頭再來。」

副教授果然學問一流，所有論斷都合乎學理規格，當然非同凡響。大約思考了五秒鐘，翁小姐有一事不解：「有個大師告訴我，己酉大限武曲化祿，這個十年堪稱一生中最佳的財勢，暗示我可能賺進可觀的財富；既然如此，爲什麼還會大破？」李副教授說：「棒球比賽有個習慣說法，全壘打與高飛球住在隔壁，同理，發財與破財像極了一對雙胞胎；妳也許會大發，但是過程中一個失策，就會大敗，從顚峰一下子跌到谷底。」

癸未年四十二歲，此年剛好交入戊申大限，依照往例，先論大限後談流年，才不致本末顚倒，甚至倒因爲果。武相空在申宮坐守，三方所見，紫府廉武相星群（夾雜了一顆破軍），生長曲線呈緩慢拋物線發展；輔星包括羊鈴空劫，共計四個，因此慾望中上，這種運程有點蓄勢待發之象。

宮干戊的祿星貪狼在大限夫妻宮內，若說有什麼吉慶之事，顯然就在於婚姻上，她將努力營造一個幸福美滿的家庭，然後全力以赴。不過婚姻的成敗畢竟是兩個人的事，從單一命盤是看不出來的。

翁小姐說：「我在今年與丈夫協議離婚，對我而言，這是一個重大事件，從我的流年夫妻宮中有顯示出來嗎？」

李副教授說：「從流年看，沒有一點影子，從大限宮位看，忌入夫妻宮，因此確定這是長期累積的結果；即使如此，仍要輸入配偶的條件藉以區隔，否則同命者一律如此，我才不上那個當呢！」

翁小姐提出前夫的生肖，李副教授說：「癸卯年的男命貪狼化忌入大限夫妻宮，看見沒有，這才是離婚的導火線。」翁小姐透露說：「我去過幾家命相館算命，那些算命大師異口同聲說我不出兩年就會離異，果然不出他們所料。」

李副教授聳聳肩說：「我從不以為那是推論出來的。剛才說過，若無配偶的條件，等於同命者都要離婚；從命盤中窺破了這層玄機，打死我都不信。」

歇後語說，「武大郎玩夜貓子，什麼人玩什麼鳥」，夜貓子就是貓頭鷹，似乎只堪被武大郎這種身分的人賞玩，鳥界的朋友可以上街頭了。某夜觀電視節目，一名教授衣冠楚楚、望之儼然，他氣定神閒地說：「我研究命理達三十年，曾獲高人傳授先天祕法，透析命運的眞相十拿九穩；沒有的事我不會說，一旦說出，準確率絕對百分之百，讓你們聞所未聞。」我聽得心驚膽戰，果然是「武大郎玩夜貓子」。

眾所周知，任何推論都涉及機率分配，不是較高、就是較低，從未有95％以上的準確率。那個教授的學位與職位如何獲得的，難免啓人疑竇；他在付費頻道上講解命理，每次要付出五萬元的租金，這筆錢當然不可能由總統府來付。

算命大師自稱教授，他是眞教授或假教授，從言行中很快就能判別出來，所謂「專家一出手，即知有沒有」，這方面很難矇混過關。例如上述教授兄說：「算命術流傳了三千年，專門觀測命運的吉凶與得失，舉凡富貴功名、六親榮枯以及各種災厄休囚一概洩盡；因此命理能夠揭示正確的方向，替人趨吉避凶，這方面的學問非常艱深，沒幾個人弄得懂。」他說得口沫橫飛，我則是一臉茫然。另外一名常在有線電視上談天說地的教授，述及癸未年的吉凶時，堅定地說：「癸未年貪狼化忌，貪狼是肉食動物，化忌後帶來的災厄必然非同小可……。」如此這般，證明他的教授頭銜是假的（其實全台灣的人都知道他是假教授）。

某次觀某台節目，一名宗教學教授端著羅盤，巍巍然站在一棟大樓的頂上，頗有睥睨群倫之勢；他指著不遠處的無尾巷對著鏡頭說：「由於磁場的作用，住在這條巷子裏的人都不可能發，一生庸碌、一事無成；他們之中若有人因為福澤深厚，託福報之賜而立於不敗之地，就算皇恩浩蕩了。」

他言之鑿鑿，臉不紅氣不喘，令人敬佩；不過他的立論非常脆弱，絕對禁不起經驗的檢證。他若是正牌教授，應有辨識一個推論之眞僞的能力，也該了解他的說法犯了一個邏輯上的謬誤：任何一條巷子、一棟大樓的若干住戶中，照例有人發達、有人落魄，有人中榜、有人落第，上述的得失均非由單因形成而是多因，若要深入討論，必須逐一提出解析，概括地推給風水，好像風水眞的可以淩駕任何一項的人生條件。

半年之後的某日，我又在有線電視上聽一個博士說：「住宅沖煞，健康受損，可能罹患肝癌、腎功能衰竭等絕症；若不迅速搬遷或作法改善，光吃藥打針，效果恐怕不大。」健康的好壞固與環境、生活習慣有關，但與風水沖煞有關嗎？當然需要許多統計數據的支持，而非「空嘴步舌」隨便說說；尤其他應先替「沖煞」一詞下定義，若無定義，就不能斷言災難，這是一個淺顯的道理。

有些斷語儘管荒謬無稽，若從算命大師、江湖術士的口中說出，我們不忍苛責，他們原本學養不足，無法領略精深知識的功用；但從博士、教授的口中說出，那就非得好好考察他們的動機不可了。很多人都說，台灣沒有知識的市場，教授學者根本不把學術看在眼裏，例如二〇〇四年總統大選前後，許多教授級的知識分子在媒體上高談闊論，卻沒有人出面指責，也間接造成他們的搖擺。

台灣高等教育迄今尚無命理學院、命理大學或命理學系的設置，當然也就沒有命理學士，更遑論八字碩士、斗數博士了；就在最近，有個朋友的博士論文，寫的就是八字的發展與有關算命這一行的市場調查，他預料很快就會過關，我問：「何以如此篤定？」他笑說：「我查了那些審查委員的名單，發現他們沒有一個人懂八字。」確實令人大開眼界。他還說他的論文雖然精闢，卻無緣問世，原因有二：其一是他基於一種奇特的理由而投入研究，但是並不想出版；其二是出版社在市場的考量下，也婉拒出版這類硬梆梆的學術論文。

有個朋友指出：「最近許多算命大師到中國、香港的大學留學，獲得碩士、博士學位，儼然一個高級知識分子，對研究素質的提升該有莫大的助益。」若持此想，那就太樂觀了。學術貴在專精，在某個領域中稱霸，固然不可一世，過了這個領域，抱歉，你只是個泛泛之輩，我們確信隔行如隔山是存在的，例如史學家在歷史這行是權威，在政治則否；當經濟學家面對物理時，他也要傻眼。無論蝦米碗糕家，到了五術界都絕不再是權威，民眾千萬別讓那些博士、教授的頭銜給唬住了。

我們也許只能這樣說：「當物理學教授以算命爲業時，他就是一個從業員

（一個算命先生），而不再是該行的專家，除非他眞的依照學理論命，所有言談皆合學術的規格。不過這好像很難，這個行業是個大染缸，一旦撩下去，迅速變成一個江湖術士，從此別想全身而退。」

朋友說：「確實如此；在五術界做清流，必須付出代價。什麼代價？當然是從此喪失了賺錢與成名的機會，這也是台灣江湖術士充斥、而命理學者宛如鳳毛麟角的主因。」

這個八字載於袁樹珊所著《新命理探源》中，袁氏論此命的方式特殊，絕對是精采絕倫的：

辛丑
戊戌
戊辰
庚申

他說，「土計有六，地大可知，若無金爲耒，從而耕耘之，非爲貧脊，即爲荒漠，何足取哉；今八字竟有五金，農具備矣」，將五行類化爲土地與農具，相信只是一種象徵說法，無關對錯。

關於干支結構的問題，他說：「假使四柱無木，仍有籽種缺乏之虞，今日支辰藏乙木，而生月戊戌、生日戊辰、生時庚申以及命宮己亥，納音五行皆都是木，年豐物埠可知。」這種推論雖然言之成理，猛一瞧即知只是套命，尤其生剋制化不足，還採罕見的納音；須知納音與五行生剋隸屬兩個毫不相干的系統，貿然取用，必然造成水土不服，豈能沒有戒心。我在猜想，萬一納音又失效，不知還要變出什麼把戲！

此造只有土金兩種五行，當入兩神成象（或稱母吾同心格），後天行運可順不可逆；逆其喜用（尤其行木運）吹皺了一池春水，勢必帶來一些沖激，障礙乍現，勢必弄亂他的人生方向。

袁氏的結論是，「只須運入火鄉，藉火濟水，即可遠自邇，建業立名」。運入火鄉，表示喜用爲火，問題是身旺用印，有這種說法嗎？他大概覺得金有五個，洩氣過甚，亟需火來制金兼扶身！若是如此，那就大錯特錯了；「藉火濟水」之說當然也是匪夷所思。

在封建時代，士子必須過五關斬六將，歷經縣考、鄉試、會試然後殿試，及第者由皇帝賜予進士出身或賜同進士出身，約等於現在的博士，這些算是學位，此外尚書、御史、大學士以及總督、巡撫、布政使、按察使則是官階；前者只是學問極好，受到國家認可，後者在職期間表現優異，逐步高陞。一般所謂的成就，通指後者而言，即在一個較高的領域中獲得傲人的業績。

台灣的高等教育政策鬆綁後，博士、碩士多如過江之鯽，隨便到巷口吆喝一聲，起碼可以裝一拖拉庫，學術水平因而水漲船高了嗎？答案當然是否定的。由此觀之，高級知識分子投身算命行業，意義並非都是正面的，他們多數仍以賺錢爲目的，對命理學術探討與推論技術的革新這些課題，就會變成泛泛之言。

天才的誕生

天才的誕生固與宇宙射線無關，
也與流年的興衰無關，
而與此人特殊的稟賦有關；
這種稟賦是與生俱來的，
此人如此，別人（同一生辰者）則未必。
「業感緣起」論指出，
前世累積的種子在因緣聚合後萌芽，
終於造就一個天才，
合乎「此有故彼有」的原則。

兩年以前，某教授在報紙上撰文指出，虛空中一些高能粒子進入地球後影響了地球的大氣，其中「短波輻射改變了大氣磁場，形成磁化神經，帶給人類旺盛的思維能力和豐富的想像力」；他於是篤定表示，太陽黑子爆炸造成的磁場效應，將對新生兒帶來一些正面的作用。

教授必爲飽學之士，無論學術基礎或者教學經驗均屬上乘，提出的立論都有強力的邏輯辯證與統計數據支持，與江湖算命的胡言亂語不能等量齊觀。遺憾的是，教授兄的敘述想像依舊多於實際，由於未能同時提出推論的方法，空口說白話，恐怕難杜悠悠眾口；例如「短波輻射改變大氣磁場，形成磁化神經」可能是存在的，不過這與「旺盛的思維力與豐富的想像力」有何關係，必須證明出來。

我們強調命理只能討論共性，那也是方法學上的堅持，蓋同命者眾，因此所有的結論在同命者身上都要發生，一旦出現例外，這個推論立刻無效。朋友知道我正在努力宣導這種觀念，雖然無力反駁，卻是心有未甘，他只能反唇相譏道：「我花費心血學習命理，目的就是希望預測那些特性，否則我爲什麼不去學風水？」我慫恿他趕快報名風水班。

去年初夏，老許的兒子甫獲麻省理工學院電機學博士，若按傳統之見，由哪個干支或哪些生剋的關係顯示出來？老王姨媽的女兒（表妹）考上司法官，又是哪顆星辰發出的特殊效果？如此這般，若想探究原因，就算把徐子平、陳希夷從墳中叫醒，都要傻眼。此外像陞官、中獎、離婚、考試落第以及中SARS、車禍喪生等等，若說都是命理的功用，鬼也不信。

八字既然決定了一個人的成就，當然也限制了一個人的成就，此說是否眞實？民眾寧願用耳朵聽而不願用頭腦想，誤解於焉產生；其實命理受到時間限制，能夠觸及的範圍非常狹窄，不如想像那樣無所不能兼無遠弗屆。三十年前，沒有人知道磁場是啥，現在則幾乎琅琅上口，風水先生大談地氣、磁感效應和宇宙輻射，好像一個高中物理老師；而那些販賣水晶、天珠的人更把電流磁場掛在嘴邊，儼然一個電學專家。占星學則強調說，那些來自幾百萬光年以外的星雲的攝動，不但牽引了地理的磁場，而且影響人類生命的成敗；占星學家不算命而改行當教授，絕對比天文物理學家還要厲害。

若問：「那些攝動又是如何進入人體之內，然後改變人的氣質，創造了一個曠世巨星的？」教授兄沒有說明，這也許事關商業機密而他不想說；但依我看，此事畢竟荒唐，大概沒有一個天文物理學家吃飽飯沒事做，拿它來當作學術研究的題目。一七七五年，倫敦鬧鼠疫，劍橋大學暫時關門，牛頓回到鄉下農莊，每天無所事事，反正「陰天打孩子，閒著也是閒著」，讓他有空思考重力的問題，半年之後返校，終於寫出重力理論與計算方法；命理界大概沒有這種高人（即使有之，也因爲進入大染缸後，腦筋變糊塗了），許多被視爲祕訣的妙論充其量只是個人的臆測，蓋缺乏紮實的推理基礎，很快就被人推翻，弄得灰頭土臉。

這些經驗取得的方式很多，多數屬於傳統的師徒相傳，師傳徒、徒傳徒孫，一脈相承，其中自然不乏故弄玄虛的故事，例如某大師說：「我半夜坐禪，進入非想非非想天，見到了太白金星，他憐憫我追求五術學問的苦心，於是授我無上心法，醒後終於融會貫通，成爲一家之言。」

我說：「太上老君只是道教虛構的人物，來自烏何有之鄉，他豈能傳法給你；我看你在眠夢，台灣俗諺說得好，睏罔睏，麥罕眠（睡就睡，別作夢）。」

他把頭搖得好像剛吃了搖頭丸，露出不屑的神情說：「你不知道的事可多著呢！三千年前，命理、哲學以及陰陽學說都被歸爲玄學的範疇，當時以鄒衍領導的陰陽家爲代表，成爲九流十家中的一家；玄學原本就非世間學問，說清楚一點，那是三十三天外的玄術，由太上老君親頒，一路傳遞下來，因此獨立於現有的學術門牆之外而自成一格，西方的方法學、邏輯學與中國的名學八竿子都打不到它。」我說：「我就知道你會說那是神仙親自授予，那麼請告訴我，太上老君是誰？」他答：「我當然知道；他是天公身旁的宰相兼軍師。」

上述那個教授兄也說，天才雖由基因造成，但仍普受外境因素的影響，這個影響迄今仍然難以估算，不過稍微推算一下他們的生辰，發現大多在火年誕生。這個說法推翻他先前說的磁場理論，原本就已可議；所謂火年，究指巳午之年或丙丁之年，他沒有說明，有打馬虎眼之嫌。

二十世紀中葉，法國有個物理學家叫高奎寧的，他原先斥占星術爲無稽，後來矢志研究，蒐集了兩萬多個名人的生辰仔細比對，發現了一個讓所有的科學家瞠目結舌的結論。他說，軍事家生於火星剛起之時，醫學博士則生於火星與土星日正當中之刻。開始時，我對高教授的求知精神十分敬佩，後來我看出了此事的虛妄，原來他以果推因，找來的都是已經功成名就的個案，屬於統計學中的「選擇取樣」（chosen sampling），統計人口集中在上層社會（知識分子），這種結論必有偏頗，無法成為一個客觀的數據；他必須把引車賣漿者一併列入，才能取得共信，後者稱為「隨機取樣」（random sampling），例如我隨便攔個路人問他的生辰，而非限定此人非大學畢業、年齡二十五到四十之間、有正當職業等。

天才多半生於火年而非別的年份，能夠說明為什麼嗎？就現象而言，每個人一年到頭都會發生一堆事故，有的嚴重、有的無礙，有的與己有關、有的只是「伊叨ㄟ代誌」，若要判分一個高下，最好一一列舉，然後加以斟酌，而非像天馬行空那樣掠過。依我觀察，教授兄至少犯了兩個明顯的錯誤：

首先是，天才的出現固與宇宙射線無關，也與流年的興衰無關，而與此人特殊的稟賦有關；這種稟賦是與生俱來的、具有排他性的，此人如此，別人（同一生辰者）則未必。佛典提示了「業感緣起」論，指出前世累積的特殊種子在因緣聚合後萌芽，終於造就一個天才，從因果關係看，合乎「此有故彼有」的原則；佛教的「業」並不等於遺傳學上的基因，而是一種奇異的組合，也許是「等流果」（前世聚集，此世受報，數量相等），更像一個「士用果」（前世曾經學習專門技術，今生繼續保留下來）。

其次是，命理依例只能推論共性，從八字或斗數中獲得的任何一項結論，同命者都要發生，故不適用於天才這種特例；由此觀之，此事與生在金木水火土任何一年的衰旺無涉，不必懷疑。

我認識的某業餘大師常出怪招，以考倒我爲樂，例如他最近告訴我：「牛頓、莫札特、林海峰都是不世出之人，誕生之時，玉皇大帝特別交代註生娘娘務必管制一下，否則太多的牛頓、莫札特、林海峰出世，這個世界也許就不好玩了。」我說凡事找玉皇大帝，你不會想累死祂吧！其實此事不必麻煩高深的學理，只要稍微動點腦筋就行了；台灣每年有近四十萬個孩子呱呱落地，就算打個對折好了，也有二十萬人，再打一折也有兩萬人，天才依舊滿街走；這個道理相當淺顯，教授兄居然不懂，毋寧是件咄咄怪事！

一個朋友問道：「天才畢竟罕現，他們的出生宛如羚羊掛角，無跡可循，因此需要一些特殊的因緣，那麼該因緣是啥？」答案是「不知道」，若要追問，則要敦請修得宿命通的朋友出馬，從前世業力中找尋答案。現代人慣於從教育的角度看世相，問題是天才本身屬於異類，突然從土地中冒出來，好像船過水無痕，在台灣這種通識教育下，絕對教不出一個天才；我教了二十五年書，從未聽哪個老師說他的學生是個天才，IQ一八〇、懂得幾門學問，顯示「得天下英才而教育之」（只是英才而非天才），是多麼可遇不可求的事。

十歲之前，愛因斯坦只有數學勉強算好，其他科目都是殿後，勉強考上大學，成績也是低空掠過，畢業後找不到頭路，在同學父親的推薦下進入瑞士標準局上班，工作內容就是駁回民眾提出的專利申請；由於沒什麼公事可辦，因此他才有時間思考物理方面的問題，兩年之後，終於發表「狹義相對論」，主張光是宇宙間最快的速度，每秒跑三十萬公里，但是光經過重力場時會產生偏折的現象。這就是一個「失之東隅，收之桑榆」的典型，世事眞的難以逆料。

台灣有句俗話說得好，「有狀元學生，無狀元先生」，考上狀元，進入翰林院做編修，成爲內閣大學士的儲備人材，前程似錦，他們絕不可能淪落到三家村做教席；相對而言，在三家村教那些小蘿蔔頭「三百千」（三字經、百家姓、千字文）的，也非狀元郎份內的事。不過我們也別以爲狀元就是窮鄉僻壤的老學究教出來的，那也會弄錯方向。

神童的種類不多，目前大約只發現下列三種：作曲、數學、棋類（包括象棋、圍棋、西洋棋；有人說心算、珠算也該包括在內），在這些領域中表現不凡，令人刮目相看的神童有個通性，無須經驗的累積、技術的演練，一切宛若天成，也就是說凡是需要長期磨練的工作，例如繪畫、寫作及技工、外科手術等，均無神童插足的餘地。

「牛頓最重要的成就在於算出萬有引力的公式，我們不妨談談他的重力理論。人類的命運受到重力影響，更深遠地說，無法脫離太陽與其他八大行星的作用。占星學的理論在此，可說是世界上唯一運用實體星曜算命的術數，不像紫微斗數、果老星宗使用虛星，因此占星學、太陽星座的準確率超越斗數等等許多。」某女性占星大師如是說。

她是台灣年輕一代的星座大師，擁有不錯的學歷與論命經驗，學理精湛，讓人折服。她說，命理、相術、堪輿、奇門遁甲都是定義下的產物，因此能夠推論的事項極其有限，不若占星學那樣得以窮究人間事項，因爲那是直接從天上星曜的攝動推論人的命運，完全不假手於別的事物，準確度無與倫比。我曾對她的說詞高度關切，後來看過她發表的文章，證實不過爾爾。

二〇〇〇年歲次庚辰，其中二〇〇〇爲千禧，庚辰爲金龍，千禧加金龍，吉上加吉，台灣人最愛出這種鋒頭，因而帶來一波波的嬰兒潮；大約前一年的秋天起，各大醫院的婦產科無不門庭若市，醫生、護士忙得連吃飯的時間都沒有。某斗數大師接受有線電視專訪時表示，他排過一整年的命盤，證實庚辰年沒有一個「好命」，他因此警告說，「一窩蜂地尾隨，屆時就會失落」。他的話雖然擲地有聲，卻讓我心有戚戚焉。

眾所周知，將生辰納入八字或排成命盤，一天十二張（個），一個月三六〇張，一年四三二〇張，全部排出，必然曠日廢時（現在交給電腦列印，也要印上一週）；假設一天批十個命，不眠不休，一年都批不完。曾有某大師宣稱他將製作「命譜一翻」，從正月初一子時到十二月二十九亥時，每命造一命書，誰來訂購，屆時就奉上一本。我曾預言他的偉大工程將無疾而終，原因此事畢竟難辦，最後一定打退堂鼓。那個大師論命的方式十分獨特，一個宮位一個宮位論、一顆星曜一顆星曜談，十二宮談完就拉倒，完全不管能否推算，當然也不知祿命式有其極致，與電腦算命軟體堪稱大哥二哥麻子哥。

台灣俗諺說，「站著好地步，卡贏好功夫」，這句話是說獲得環境之助，勝過擁有蓋世的功夫；同理，「生著好八字，卡贏塊打拚」，好像男人娶了富妻或女人嫁了富夫，可以少奮鬥二十年。唯命論者確定人的成就概由八字所賦予，命格高成就必高，命格低則無成就可言，一切早經註定，後天的努力只是聊備一格；從這個觀念出發，擁有一個優異的命格，從此就富貴雙全，既擁名位、又享財富，終其一生，幸福康樂；「老張的命格低劣，他將如何？」他將艱辛度日，妻不賢、子不肖，一世人撿角。

這個癸酉女命（見181頁命盤）乍看即知不錯，坐紫會府，輔弼照入，格成「君臣慶會」，具有領導統御的本事，足以號令天下英豪。此外構成火貪武格、昌貪惡格，火貪是個戰將，得以開疆闢地，迅速崢嶸頭角；昌貪則讓人學非所用，造成經驗的浪費。若按「具備一種格局，等於擁有一項發達的利器」，那麼她將在這三個項目中成就，假以時日，成績卓越，自不待言。

主星六顆，能量俱足，得以承載各種災福，絕不輕易放棄理念，據此攻克名利重鎮。那麼「她們可望締創彪炳功勳，成爲一個巾幗英雄嗎？」當然沒有那麼輕鬆愉快，命理談的都是命運的事，一種內心世界起落變化的軌跡，此人具備了發達的條件（潛能），只要能開發出來，無論從文或者就武，努力加上機緣，成就一番事業並非苛求。

「你的說法與傳統有悖，別說我無法認同，全世界也沒有一個人讚聲。」他說：「傳統命理指出，具備了什麼樣的條件，就會產生那種結果，因爲命理的統

天機 天鉞 丁巳	紫微 文昌 戊午 命宮	鈴星 地空 己未	破軍 祿 文曲 庚申
七殺 丙辰	女命 癸酉年九月×日辰時		辛酉
太陽 天梁 地劫 天魁 乙卯	火六局		廉貞 天府 壬戌
武曲 天相 火星 右弼 甲寅	天同 巨門 擎羊 乙丑	貪狼 忌 左輔 甲子	太陰 陀羅 癸亥

格局如此壯闊，將庇蔭她成就名利，金光強強滾，傳統命理向來持此觀點，我們不想否認；不過這種說法明顯的倒果為因，是不正確的。

此女若能開創事業，絕非「君臣慶會」或「火貪」這類特別格局的功勞，而是她原本就擁有這項能力，藉著命盤顯示她超強的能力，讓我們發現出來。

計是排他性的，他有而別人沒有，他就高人一等。」這種觀念其實是很有趣的，他們永遠都不知命理推論有眞有假，萬一接觸到假的，那就白費力氣了。

如果稍微觀測一下，就會頓起下列的疑竇：「假設好命確實存在，例如此人既成君臣慶會，又得火貪武格，擁有兩套發達的條件，堪稱得天獨厚。我想知道的是，那些條件是怎麼來的（基於什麼理由而產生的）？」此話之意是此人生得此格，絕非平白發生，對不對？好，那是什麼條件讓他如此的？詢問算命大師、命理學家甚至江湖術士，大概異口同聲會說：「哇啊栽（我怎麼知道）！」

八字既然相同，命運理應無差，萬一有差，當然就會大驚小怪！明朝朱國禎在《涌幢小品》著作中記載，保祐年間，孟無菴在湖北當官，某日騎馬出巡，路過漢江時，瞧見一個漁夫手裏提一條大魚，恭敬地退避於道旁。孟某瞥見那漁夫相貌雄偉、氣宇軒昂，於是召他過來，好奇地詢問了姓名、年庚，發現漁夫的八字與他自己的無異。孟某不禁對他另眼看待，邀他一同回府茶敘。

孟某想給漁夫一官半職，卻被婉拒了，漁夫說：「富貴貧賤，各有定數；我與大人雖然生辰相同，大人你在陸地上出生，所以貴顯；我則在船中出生，所以貧賤。我每天捕魚維生，知足常樂，富貴一旦加身，不是我能承受的，反而遭致暴亡的命運。」孟某一再力邀，漁夫始終嚴拒。漁夫離去之後，孟某悵然地說：「在人生態度的堅持上，我不如這個漁夫。」

這個故事志在彰顯「鐘鼎山林，各有天性」的道理，其中的鐘鼎象徵廟堂，山林象徵在野，朱國禎明知此，卻要奪取別人的天性，他的聖賢書是唸假的；縣太爺孟某能夠適時懸崖勒馬（或說放漁夫一馬），終於成爲一個美談。

《莊子．讓王篇》記載的這個故事就更富啓示性了：流落鄉間的學者原憲在魯國定居，房間非常狹小，用茅草做屋頂，蓬草編織爲門戶，零零落落，此外他用桑木做門樞、用破甕做窗櫺，找來一塊粗布隔成兩個房間，遇到下雨，屋頂漏水，地上潮濕，他正襟危坐，彈琴唱歌，絲毫不以爲意。

某日，孔子的門徒子貢騎了一匹駿馬，穿著素白的大衣，襯著紫紅的內裏，駕臨陋巷，因爲馬匹過大進不了狹巷，只好下馬步行；原憲得知後，戴著樺樹皮做的帽子、拖著沒有後跟的鞋子，親自出來迎接。

子貢一見面，劈頭就問：「咦，先生正在破病嗎？」原憲說：「一個人缺乏銀子叫做貧，讀聖賢之書而不能實現理想叫做病，我現在是貧而不是病。」子貢感覺有點羞愧，原憲又說：「行動迎合世俗的習慣，然後牽親引戚，結成狐群狗黨，追求學問的目的在於沽名釣譽，教育學生也只爲了謀生，假借仁義做盡壞事，利用盛裝的車馬炫耀富有，歹勢，這種事我做不來呀！」

原憲誠然一個君子，不與世俗同流，子貢只好黯然而退。原憲的胸懷正是漁夫的胸懷，縣太爺孟某則與子貢同一路數；但他們畢竟都有讀書人的羞愧之心，故能懸崖勒馬。這裏有個關鍵性問題：「八字相同，結果有人做官，成爲統治階層；有人打漁，每天與海搏鬥，兩者的差異如此之大，究竟是什麼因素造成的？」探討起來，必然大費周章，因爲這是一件相當繁複的事。

理論上說，格局愈大，志向就愈大，無論學文或者習武（無論任職或者執業），攻獲名利重鎮，宛如桌上拿柑，這種人絕不甘於在鄉公所做個職員，或在一般公司行號蹲一輩子；其中的「君臣慶會」、「火貪武格」均醞釀了龐大的潛能，開發出來，出將入相，建立彪炳功勳，毫不意外。有些研究斗數的朋友說，英雄豪傑都擁有一個偉大的八字，從此勵精圖治，據此攻城掠陣，成就果然卓越；是否如此，我沒有統計，當然不得而知。他們解釋說：「這個世界每分每秒都有人誕生，四十年後，有人發財、有人破產，有人功成名就、有人庸庸碌碌，差別如此懸殊，若說由什麼因素造成，當然就是他的命格。」這種結論過於簡略，我們很難判其眞僞。

唐代禪師百丈懷海來頭不小，他制訂「百丈清規」，規定「一日不作，一日不食」的叢林生活法則。有一天心血來潮，他對徒弟說：「我不問十五日以前你們怎麼想，我問的是十五日以後，你們都給我答上一句。」徒弟面面相覷，百丈只好自答：「日日是好日。」禪門公案供作學僧思考之用，因此沒有答案，唯靠個人自己去領悟；識者如果鸚鵡學舌，照樣斷說「日日是好日，時時是好時」，百丈禪師說不定用錫杖敲你的頭：「日子就是日子，哪有什麼吉凶！」天氣的陰晴、事物的產生都是自然的事，並不涉吉凶，若有，那是個人的主觀認定。

算命先生最愛稱吉道凶，以便替顧客預測吉凶兼造福解厄，自有生意上的考量；知命者了解命理只能隱約描繪一些命運的軌跡，看出一些吉凶與福禍的浮光掠影，不但內容空泛而且狹隘，不如想像中那樣足以飛天鑽地。究竟地說，祿命式接觸不到的事項還有不少，例如異稟、才華、嗜好等等，由於並非同命者所共有，從八字或命盤上觀測不到，這也是爲什麼愛因斯坦、畢卡索、紀曉嵐和胡適只有一個，後人很難模仿他們的原因。

這個八字載於一本民初出版的命書中，四柱相同，十分罕見，每個大師看到，無不倒抽一口氣；這種八字實在難以討論，八成會考倒一堆人。

己巳
己巳
己巳
己巳

該書作者也是大師，他如是說：「四己巳主貧，沖出亥中藏的壬甲爲財官；四火爲印，多貴。」這種論法十分詭異，一會兒主貧，一會兒多貴，全無一個準則；此外他說「四己巳主貧」的證據在哪？似乎不提證據，而是他說了算。

大師利用「四巳沖出亥」（亥中藏有壬甲，就是日主的財官），成爲財官，蓋任何一個貴格都不能沒有財官，這是「遙沖格」一貫的手法，存在於古籍如《淵海子平》、《三命通會》中，堪稱有所本。

大師進一步指出，「土生夏月，乘相勢豪，干得四己，比助力足；局欠水木，未免偏枯為憾，故不足以言貴。」與前述同一理路，都在基本結構中確定一個人的富貴與貧賤，而絲毫不考慮這些格局的成敗還關係著行運的得失與所處環境的良窳，自然通不過經驗的檢證。

不過「火土兩旺，引為兩行成象，喜生濟運，忌刑沖鄉」，還不算離題，卻也證明了前述推論的無稽；「忌刑沖鄉」的沖指六沖，刑指三刑、自刑，其中沖爲正統的方法，刑則是江湖的方法，大師正邪兩種都用，如此左右逢源，難怪斷驗如神。

此命被認爲具有貴徵，大師的見解是，「先賢萬育吾（《三命通會》編者萬民英）說過，四己巳亦貴」，這個「亦貴」不過是根據「先賢」說的，而萬育吾是否爲先賢，還有確認的必要，這種現象叫做「訴諸不當權威的謬誤」，似乎也是一種「循環論證」。「生即喪母，越年剋父」都是事實，由於受到行運的影響，因此「戊辰大運助局有喜，學業遂成；丁運嶄露頭角，現行卯運，一路福星。」換成現代社會，上述都還在就學中，一切自有父兄打點，因此好壞的作用不大；踏入社會後，許多事情自己終於可以作主，對吉凶的感受就會較為深刻。

大師隨後斷說，「丙運，更卜繁榮；寅運刑巳有餘，須防官非；乙運剋己為患，必感煩勞；丑、甲、子運，又可亨通；癸亥運剋太重而有危矣。」

江湖算命有個延續了幾百年的陋習，大運干支從中剖開，天干看前五年，地支看後五年，因此才有丙運、寅運以及乙丑、甲、子這種古怪的天干與地支。綜觀那些文字，好像在記述一筆流水帳，半輩子的生涯，無論吉凶或者成敗，五十個字內交代完畢，我不知這種簡陋的答案，對一個人了解他的命運有何裨益。由於沒有什麼人（除我之外）提出異議，似乎也就得過且過，輕舟已過萬重山，後代學命者在恍惚之間，還以為那是八字論命的主流現象。

四柱皆同，雖然罕見，卻不能當作判別貴賤的唯一條件，甚至連成爲條件都不允許；從另外的角度說，任何一種條件都是充分條件，也就是說沒有它們不行，但光有它們仍不足以言貴。

古典命理稱此爲「天元一氣」，當然也是「四柱同出一旬」；前者指天干同爲一種五行，後者指四柱在一旬中出現，這些現象自然有些貴徵，古人之說，並非全屬荒誕；不過我們仍要從兩個方向進行解讀：其一是一個人之所以顯達，並非八字所賜，而是他本來就有一種貴徵（追逐名利的原動力），後天因緣聚會，終於顯露出來；其二是八字討論一個人能否貴顯，不能光靠上述的方式，仍要從整個干支結構中加以推測。

我們常說：「當大師無力辨別能算與不能算時，他早就不是什麼大師了。」好命與歹命似爲一種二分法，一翻兩瞪眼，絕不含糊，因而受到一些不求甚解者的喜愛，其實這類歸納仍然過分簡陋，不符合實際人生的規格。須知人生歷程既複雜又多變，三言兩語，述說不盡，好命、歹命云云，都是主觀的情緒語言，沒有認知的意義。民眾普遍缺乏這種認識，以爲從術士的口中說出，等同於命運的眞相，例如老錢想娶細姨，老婆極力反對，他找算命先生協助，讓老婆了解他娶細姨是命中註定的（命帶二妻）。

基本命格的功用在於詮釋一個人的命運，事實上命運並無好壞，只有擺對與擺錯位置而已，例如讓殺破狼加煞去做業務、機月同梁加吉去辦內勤，這是擺對了位置，不但發揮了才識，而且作出成就感；而讓火羊異格參加高考、陽梁昌祿從事保險推銷，則擺錯了位置，好命變歹命，難言什麼成就。命理的功能是把性格的優劣揭示出來，絕不說具備了富貴條件者必然富貴，具備了貧賤條件者必然貧賤，否則就會砸鍋。

就命理而言，每個時辰都有許多人誕生，因此沒有一個命格是特別的，也沒有一種年份是特殊的，蓋每年都有43820個命例（365×12）誕生，有的結構金碧輝煌，譬如「君臣慶會」、「火貪武格」、「火羊異格」或所謂的「三奇格」、「蝴蝶雙飛」、「四柱同旬」等等；有的結構稀鬆平常，什麼條件也沒有。無論如何，排出八字（或命盤），觀其結構的優劣，好像新聞記者據實報導一個新聞事件，如此論命，才算盡責；若是加油添醋或故佈疑陣，我認為好命，你可能斷為歹命，那就枉為一個受過新式教育的現代命理學者了。

眾所周知，原始十干與十二支都是中性的，意思是它們之間並無吉凶的內涵，從吉凶的角度看待命運，那是弄錯方向。究實地說，所有的干支都要與我（日主）對照，從生剋的結果中產生吉凶，這種吉凶也才深具意義。準此而言，命理對於生在哪種年份並不特別關心，蓋所有的年份（年柱）仍要納入干支的生剋系統中；因此千禧年也好、平常年也好，一視同仁，蓋再凶險難捱的年份都有人飛黃騰達，再安詳如意的年份都有人失魂落魄。

命中註定

當命理發展到一個程度後，
它的基本功能、組織架構以及推論方法，
都要重新修訂，提出重點評估，
去蕪存菁並納入新的觀點，
然後繼續上路；
若不圖此想而宣稱祿命式是天上神物，
歷久彌新，仍在準與不準、
吉與凶中發揮，後果將不堪設想。

無論設攤算命或者學術研究，必然承認命運是存在的，正如道士、童乩、廟祝強調鬼神是存在的，一旦遭到質疑或要求辨正，就有砸鍋之虞，現在的問題是，命運若是存在的，它駐足何處？內容爲何？能否被觀測出來？這些問題必須提出討論並加以解說，而非繼續擺著，甚至變成一個懸案。

東方人普遍相信命運，卻不見得了解命運的眞諦，蓋民眾只想算命，預知自己命運的興衰，對於探討命運的形式與過程的演變一直興趣缺缺，因此證明命運的存在與證明靈魂的存在，同樣困難。

八字與斗數都在宋初發展完成，歲月匆匆，已過千年，一些朋友於是問道：「命理究竟是在什麼動機下被創造出來？」古籍始終未載，後人當然不得而知。依我猜想，從前有個人（創始者是否爲徐子平與陳希夷，已不可考），在思考宇宙人生的奧祕時，發現時間依稀負載了一些命運的祕密（好像現代科學家發現光負載了物質一樣），於是設計了一套祿命程式加以規範，沒想到眞的能夠隱約窺破一些人類命運發展的軌跡；這個「時間」指的就是出生點，所以命理推論屬於「從開始看未來」，理念與世俗所稱「好的開始是成功的一半」，相當貼近。後世有人強調好命將擁有一切，歹命則永無翻身之日，那是過度渲染了命理的功能，恐怕不符實際的人生。

面對這樣的發展，一個朋友質疑道：「算命大師必然堅持命運存在，否則就無法算命，台灣俗話說，『命掛在骨，先削削不離』，命運存放在哪裏？它的基本型態是啥（長成什麼樣子）？迄今仍提不出證據，知識分子當面予以駁斥，斥責爲迷信的元凶。」

靈魂若是存在的，那麼命運也應存在，此二事在某個準點上幾乎是一體兩面，由於與知識分子的思考模式有悖，因此很難進入他們的思維中，雖然討論了好幾個世紀，依舊無力辨其虛實，只好成爲一個懸案。命理的問題既多且龐雜，歷來都有人討論，多半淺嚐即止，知識分子偶爾涉足其間，發現牽涉的層面既廣且雜，無法使用一些規則予以概括，於是打退堂鼓。

有些問題看似簡單，討論起來卻很難，因爲學術研究必須顧慮許多限制，不像江湖算命只要你敢講就行了。香港有個大師曾對算命先生（是否包括命理研究者，不得而知）提出告誡，他說，任何人想要窮究命理或開館算命，必須算得出下列七項問題的結論：

第一、父母的生肖分別為何？他們的存歿情形如何？

第二、有無同父異母或同母異父？或另外拜義父母？

第三、同胞幾個？你排行第幾？兄弟姊妹的生肖是啥？有無夭折的情形？

第四、幾歲成親？配偶的生肖是啥？夫妻之間有無生剋之情？

第五、子女的人數多少？排列順序如何？賢與不肖的情況又如何？

第六、在過去的運程中，做過哪些行業？成敗如何？

第七、曾經罹患哪些重症？是什麼症狀？治療的狀況如何？

上述涵蓋了親情榮枯、重大疾病、各種災厄以及行業的興衰，據我觀察，任何人能夠推論（推論而非猜測）其中一項（只要求一項），例如大師斷出閣下「同胞三人、排行老么，屬馬的大姊夭折」，那麼他絕對是個神仙，因爲只有神仙才能透析那些非命理現象——不可能準的事硬要推論，最後大概只有猜測，機率大約是幾百萬分之一，人腦絕對不堪負荷。

❖

大師之所以有恃無恐，關鍵在於他掌握了預知親情榮枯的祕訣——據說他獲得一種推論親情的口訣，好像玉皇大帝的諭令，從此無事不辦、無堅不摧，自然而然就搖擺起來。這個世界有無這種祕訣，畢竟還有討論的餘地；而依我看何須使用祕訣，從一般熟知的論命方式就能推論一二，例如正印看正母、偏印看偏母，命中只見偏印或正偏印競透，此人必有偏母（義父母）；再如偏財看父，行運見財星蒞臨，母星遭剋，暗示母親先亡；行運逢比劫掩至，父星遭剋，暗示父親先歿。這種論法雖是無稽，但是湊巧矇到，顧客就會譽爲神仙。

類似的祕訣用在婚姻上也是如響斯應，例如行運遇桃花合入夫妻宮（日支），或夫妻宮遭流年地支沖動，叫做紅鸞星動，必有婚姻與感情的情事發生。因此有兩種生肖的人沖合夫妻宮，決定幸與不幸，例如夫妻宮爲戌，沖戌者辰，合戌者卯，算命大師於是堅決地說：「嫁娶卯年者，幸福美滿；嫁娶辰年者，生離死別。」如此這般，若不解說原理，別人就會以為那是千古祕訣。

命理使用時間（生辰），這個時間並非獨一無二（絕非只誕生閣下一人），而是由許許多多的人共用，光在台灣一地平均就有九〇．二三人，當我們考量那些親情的榮枯時，立刻發現一個困境：「某甲有同父異母、曾經罹患肝炎，假設這些現象係由八字中觀測出來，那麼同命者豈非都有相同的結局？」此事不證自明，在某些大師的觀念中，他們硬有其他的認定，保證讓你氣死。

某大師曾說：「人家那麼寫，不會沒有理由，功力淺的人看不出其中的奧祕，就會抹煞別人的苦心。」我問：「你老兄算出來了嗎？」他摸摸下巴，點頭稱是：「我大約可以推算其中四項，但不確定哪四項，有時前面四項，有時後面四項；我正在努力，希望能夠全部解答出來。」我說：「光憑這點，證實老兄的功力已臻大羅仙境，足以跟太上老君平起平坐了，我輩甘拜下風。」

為了表示眞金不怕火煉，大師從抽屜中取出一個八字，瞄了一眼，確定無誤之後，推到桌前，他果然想要難倒我。

己卯
庚午
甲辰
甲子

大師指出，此造的結構相當單純，「夏木用印，歲運忌逢火土」；我問：「夏木用印，是否爲一個定則？」他說：「不錯，那是調候的最高準則。」我說：「若是如此，八字將沒有炎上格與潤下格了，不是嗎？」他一時語塞。

後來他改口說，夏天火旺，日主木有被焚燬之虞，命中若見一水，格局必高。我說：「火在月令之中，其他干支不再逢火，因此沒有過炎之虞。」大師搖搖頭，沒有答腔；他好像不理會我的質問，隨後又說，「此人八歲丙戌年母死，十一歲己丑年父亡；二十三歲辛丑年結婚，二十九歲丁未年，生下一子」，他據此證明那些大事都在火土之年發生，此人忌見火土明矣！

我問：「上述現象是千眞萬確的，那麼係由哪些干支發出的負面作用造成的？」他說：「歹勢，這個部分我就不便洩漏了。」其實那些論述像極了一本流水帳，既無推論，也無辨正，自與干支五行毫無瓜葛；大師顯然也不知該如何推論，被逼急了，也許祭出「天機不可洩漏」，藉以堵住質問者的嘴巴。

這個己卯並非一九九九年己卯，而是一九三九年的己卯，當時的計時器非常簡陋（沒幾個人家裡有計時器），半夜落地，那是什麼時刻，知道的人一定不多，不過大師之所以爲大師，他堅持那個時辰無可質疑，我們只好暫時相信。

我問：「上述諸項多數屬於特例，命理再神奇，仍然無力觸及，例如父母的亡故與子女的命運無關，不是嗎？」

他說：「對你而言，也許無關；對擁有不傳之祕者而言，那就有關了。」

我說：「若是有關，等於被她剋死！走，我們去檢舉她謀殺親生父母。」

命理無力觸及只發生在少數人身上的特性，這是祿命式永遠無法逾越的極致，大師宣稱他有解答祕方，依我們看只是虛張聲勢。一個朋友出示他的研究報告說：「十幾年來，我蒐集了兩千八百多個命例，仔細比對他們的親情榮枯與各種生剋關係，發現其間確實有一些發展的脈絡。八字當然沒那麼厲害，那是鐵板神數的傑作，此術得以超越命理的極致，見人所未見。」我說，鐵板神數只是江湖術仔（江湖俗辣），不懂算命，命理研究者犯不著替它粉飾太平。

西藏佛法特別重視傳承，因此把上師置於佛法僧之上，在傳統習慣上，學習命理似乎也要依賴大師，任何人缺乏大師的指導，學到的將只是一些糟粕。有些朋友誤以爲苦讀命書，將那些典籍背得滾瓜爛熟，假以時日，就能成爲一個命理大師，讀到香港大師的問題後，當場擲筆三嘆。古人對於那些重要項目都是摧枯拉朽，迅速獲致答案，現代人卻很衰，居然無法看出其間的得失，莫非現代人已經失去研究命理的信心了！話當然不能這樣說，我們確信從研究的層次看，下列諸項的探討遠比如何算準、如何把顧客口袋裏的鈔票掏出，意義更深遠。依照我的經驗，弄清下列六項的關係絕對比解答香港大師的七項更爲迫切：

第一、從祿命式中顯示的命運軌跡，究竟一成不變抑或因人而異？

第二、命理掌握一個運程的起伏狀況，可望達到什麼程度？

第三、命理的功能涵蓋多少命運真相，真的是無役不與、無事不辦，對任何事相都能推驗嗎？

第四、從干支或星曜中窺探命運的得失，根據的是什麼道理？

第五、在現有的祿命式外，還有其他的方式足以揭露命運的奧祕嗎？

第六、改變了干支結構或星曜的位置，從此就能改變命運發展的軌跡嗎？

命理問題多如牛毛，上述只是滄海一粟；若願發心探討，那麼深入其間並提出心得報告，相信對於提升命理研究的助益頗大。算命先生多半嗤之以鼻：「我研究那種事幹嘛？凡是無法帶來商機的事，再精彩都沒有人肯接觸，這是台灣算命界的普世價值；你要是堅持己志，大概就會去撞牆。」

干支排列的最大公約數是六十，故六十年爲一個循環，週而復始，六十年前一個八字與六十年後一個八字的結構相同，絕無例外。「研究命理之前，弄清楚時間的限制以及它的適用範圍，才能無礙；否則被這些問題纏住，就算修習八輩子，仍然不得超升。」依我對算命界的理解，迄今爲止沒有幾個大師有此見識，他們確定命理是獨一無二的，據此推論出來的命運內容也是此人所獨有的。

若是一個行家，他的問題就複雜多了：「六十年前與六十年後兩個命格理論上說沒有差別，事實卻不然，無論出身或者後天境遇的差異性都很大，那是什麼緣故？」其中必有緣故；蓋命運的軌跡原本就並非沿著一條固定的路線在發展，從宋初到今天大約一千年，二十個循環已經逝去，命格同、命運不同的問題卻像船過水無痕，常被命理大師輕易放過。

《命相鉤奇》記載的一個八字，拿來當做研究的題目，倒是非常合適。

庚寅
丙戌
癸酉
庚申

大師指出，「癸水生於三秋之月，辛金當令，地支申酉戌三會西方金局，正印兩透天干，日元旺矣」，似乎冠冕堂皇；若問：「三會西方金局，有何妙用？」大師必然目瞪口呆。

其實這類三合、三會以及半三合、半三會並不存在（全無他們指陳的作用），經過幾百年的傳承，以訛傳訛，現代人談論八字，言必合化，而絲毫不考慮那也許是虛假的。

綜觀全局，印比有五，食傷財官有三，身旺當以後三者爲用——若用食傷生財，技術託身而致富；改用財生官，則考選功名而致貴。大師表示，「丙火正財透出，身旺自能任財，命書所謂『大貴者，用財而不用官』；尤喜癸水一點，『獨水犯三辛，號曰體全之象』，誠然貴顯之命。」

從「誠然貴顯之命」中發現，此人的成就已由大師替他量身訂做完畢，此後的生命將循此一方向前進，他想貧賤都不可能；干支的作用被侷限於此一命格之中，誰敢提出異議，將被質疑居心叵測。一般而言，沒有人敢說他只是談論某個特定人士而不涉及其他的同命者，除非輸入此人的條件藉以區隔，否則仍將無法取得共信。遺憾的是，八字干支呈封閉狀態，拒絕任何條件的輸入，即使有了「輸入」這種觀念，看來還是行不通。

生辰既然相同，命運結局無差，這是邏輯推理的概念，大師的推論達不到這種要求，因此沒有參考的價值。例如他說，「財星為妻無破，是以得妻力之助」，也許眞實、也許虛妄，無論何者，都不能只看基本命格，否則同命者無一例外——一個人能否獲得妻助，端視他娶了誰而定，這個部分絕非命中註定。

上述論述概在基本結構中發揮，命格既定，沒有人能夠改變分毫；運程則是活動的，動變中的起伏狀況更難掌握，尤其還要一些呼應的手續，討論起來變數就多了。大師說，「交卯運，梟印奪食；壬運中壬與丙相戰，辰運中辰與戌相沖，神州陸沉，避居海外」，如此這般，他好像把「神州陸沉」的責任歸咎於「辰戌相沖」（由於他的運程走壞了，才造成中國大陸淪陷），這種指控實在太沉重了，沒有人擔當得起。此外「一九五七年歲次丁酉，大運與太歲丁癸逢沖，因病而逝」，大師說那是因爲「太歲為眾星之主，犯之者必凶」；此說若是，則同命者都將在此年此月邀約駕鶴歸西。

「此人處處掣肘，若由辰戌之沖造成，那麼又該如何解釋沖的禁咒？」

「辰戌之沖既然無法避免，那麼肇致災禍將是劫數難逃；若想趨吉避凶，唯有一法可用，命中原有酉卯，酉去合辰、卯去合戌，可望解開辰戌之沖，此外並無他法。」

朋友思索許久，覺得好像有點棘手，最後問道：「此人確實在辰運中家破人亡，這個節骨眼上又不準了，爲什麼？」這種沖無論吉凶，都存在於此人的命運中，只有他一個人感受得到；家破人亡則屬於一種外境的遭遇，當與他的命運消長無關，不能說沖了，國家大勢、財經景氣也會跟著倒楣。

大師說，「大貴者，用財而不用官」，當然不符論命的原則；大貴用官，這是一個普遍定律，若想推翻，必須舉證，而非他說了算。若問：「那麼大富者該用什麼？」也許就有爭論了。一個朋友說：「廢話！當然用財與食傷（食傷生財），難道會是官煞甚至印比嗎？」在今天社會，富貴是兩事而非一事；在當年社會，富貴則是一事而非兩事，眞是此一時、彼一時也。當年士子嚮往的是「三年清知府，十萬雪花銀」，因此十年寒窗苦讀，代價雖高，只要高中，獲得一官半職，從此美夢成眞。命理一貫的主張是，大貴，當然用官；大富，當然用財，唯有如此，八字論命才有一個準則。

無論使用食傷生財或者根據財生官，均須滿足一個條件，就是身旺，蓋身弱者無力任剋任洩，面對榮華富貴，好像奶媽面對別人的寧馨兒一樣。那麼「此造身旺嗎？」那當然，大師因此才說「身旺自能任財」；事實上，此造只算印旺而非日主坐旺，蓋癸水僅以時支申所藏的壬爲根，根基柔弱，承載量不高，無力擔當重任，他必須走到扶身運才能受用——初二兩運即見亥子身根，好運來得太早，恐怕無法消受。

「獨水犯三辛」與「號曰體全之象」都抄自古書，我們對於此詞所指涉的意義一無所知，不能無憾！

方法學從西方肇始，兩百多年來，學者利用方法學研究各種學科，成績斐然，科技文明因此得以高度發展；東方社會則普遍受到儒家思想的影響，只求做官而不想做學問，加上朝廷並不鼓勵（甚至打壓，例如九流術士的子弟不得參加科舉），方法學備而不用，而採取傳統的土法煉鋼，分不清哪些能算、哪些不能算，思想於是打結，觀念因此糾纏，想要從中獲得眞知灼見，當然只是妄想。

命理只是觀測命運的工具之一，言下之意，還有其他的工具、儀器或程式都能隱約反映命運發展的軌跡；其中八字、斗數都是一千年前的產物，當然無法避免簡陋與粗略，過度相信它的功能就會迷惑。宋朝的瓷器、善本書無一不是價值連城，但是當年發明的一具儀器或一套技術在今天顯然都已經不堪沿用了。

當命理發展到一個程度後，它的基本功能、組織架構以及推論方法都要重新修訂；所謂「一個程度」，長者百年、短者五十，應該提出重點評估，去蕪存菁或納入新知，然後繼續上路；若不圖此想而宣稱這些祿命式亙古恆新，仍在準與不準、好與壞這些二值邏輯上發揮，後果將不堪設想。現代人延續古人的錯誤而不知辨正，就會斷送祿命式的遠景；科學家對這類充滿玄思與意識型態的方法不屑一顧，術士卻揚言他們能夠預測國家大勢、股市行情以及社會治亂，仔細思考，應該知道那是怎麼一回事。

星座命盤

現實人生中，
預知死期與獲知死後的處境同樣困難，
那是一個人類永遠無力觸及的問題，
不必懷疑；
知識分子雖然擁有學問，
懂得辨別一個命題、一句結論的對錯，
卻對生死存亡的事避而不談，
揭示了他們對此事的陌生與心虛。

兩年之前，台大醫院一名李姓心理醫生因爲長期操勞，頓覺身體不適，他是醫生，知道那是一種官能性症狀，但是運用各種科學儀器都查不出病因；就因爲如此，才讓他六神無主，感覺惡業現前，生命已經變成黑白了。

某日，他參加了一個家庭聚會，有個年輕朋友替他排出星座命盤，然後洩漏天機說：「從宮與星發展的軌跡看，閣下將活到六十七歲，現在才五十幾，還早呢！」他如獲至寶，生命終於又轉爲彩色。李醫師有感而發地說：「祿命式談的都是生命中的一些重大事項，但有一事絕對是最大、也是最重要的，就是生與死，大師從命理中透析生死的玄機，協助一個像我這樣萬念俱灰的人度過難關，光這點就值回票價。」

雖是當代醫科聖手，李醫師卻誤解了祿命式的功能，我想那是受隔行如隔山所惑，我們不忍苛責。「星座命盤」是啥，由於語焉不詳，不得而知，也許是太陽星座、占星學，也許是斗數與星座的綜合體；若是斗數，應知命盤都是共盤，依例只能推論共性，陽壽則是一個特性，命理無力觸及於此。假設李醫師只能活五十歲，那是他的業報使然，而與星盤上的諸星沒有瓜葛。

在汗牛充棟的五術書籍中，有一些屬於方伎之類，內容離奇，談論玄妙，被排斥在正統命卜相之外並不奇怪，這類怪書出版不少，在「四庫全書」、「古今圖書集成」中仍然找得到一些，例如有一本《三世相法》，堪稱史上僅見，敘述的內容包括演禽、夫妻相刑、幼童關煞、飛星科甲，都是讓人聞所未聞。舉個例子，一個人彎腰駝背是天生的嗎?當然不是；該書卻洩漏天機說，金命人生於午卯申酉這四個時辰，「劫煞帶懸針，腰屈背駝行，藝術能通曉，家興福祿生」；所幸這種人雖然駝背，卻能通曉藝術（此藝術非彼藝術，指的是工藝與五術），並據此成家立業。

台灣俗諺說，「牛牴、蛇咬、虎傷、雷殛，天地數」，「天地數」就是劫數難逃；從祿命式的角度看，一個人不幸被老虎咬傷、毒蛇咬死，那是命中註定嗎?當然是，也可能不是，《三世相法》的記述卻很清楚，寅午戌年人生於二、九、十、十一月；申子辰年人生於正、七、十月；巳酉丑年人生於四、五、六、九、十一月；亥卯未年人生於五、十月，都難逃此一厄運。

很多人想要預知死後哀榮，以便預做安排，問題是天下有這麼美妙的事嗎?

＊載於《三世相法》中的這張圖像，明白表示一個人被馬踢、虎傷、蛇咬甚至彎腰駝背、家遭祝融等等，都可以從他們的生辰中發現出來，看你有沒有那個本事罷了；換句話說，那是一種命中註定兼劫數難逃。

該書卻明白指出，命帶臨官者，「此人患病，二三日死，是日半陰半晴，男女三人泣送歸山」；命帶衰者，「此宮死日，天氣寒冷，陰雨之時，葬日天晴，男二人、女二人、和尚五六人，送歸山頭」；命帶墓者，「此宮人死日，秋冬時候，只得一人歸山頭」。

上述「臨官」、「衰」、「墓」都是「十二長生」的名詞之一，講的只是五行尤其是日主在十二個月中的旺度，例如甲生寅月爲臨官、生卯月爲帝旺、生未月爲墓、生亥月爲長生，絲毫不涉及福澤厚薄、生死存亡等事。

僅憑某種生肖生於某種月份、命帶某種神煞，就確定了那些吉凶現象，未免失之簡陋，在民智未開的年代也許有人相信，現代社會恐怕難昭大信，誰要是相信，頭殼就是壞去了。

幾年之前，我偶遇一個case，算是難得的案例。有個六十餘歲的老先生要我幫他推算陽壽，我看他身體健康，臉色紅潤，健步如飛，而非風燭殘年，卻在意還有多少日子可活。我問：「這種事很重要嗎？」他說：「那當然；我在政府機關上班，最近面臨退休，如果我能活到七十八歲甚至九十幾歲，我決定領年功俸，蓋活得愈久，領得愈多；萬一只能活到七十歲甚至不足七十，那我就領全退，錢花光了就走人。」我說：「歹勢，這種事我辦不到！」他似乎被我的話嚇到，因而質疑道：「那是不能算，還是你不會算，或者你不想幫我算？」我只好老實招供：「我算不出來，愛莫能助。」他似乎不信，轉身離去，準備再找一個能解開他疑惑的大師問命。

顧客要求推論陽壽，已經蔚爲一種時尚，許多朋友算完命，臨去秋波，照例會問：「仙耶，你看我吃到幾歲？」算命大師知無不言、言無不盡，你敢問，他就敢答。大師通常會檢視一下此人大運的消長，然後鐵口直斷說：「七十一歲那年有個大劫，若非招來橫禍，就是罹患重症，九死一生；逃過了，可以吃到八十三？」顧客激賞之餘，付了潤金，踉蹌而去；他們大概不會思考，算命先生是何方神聖，居然能夠洩漏生死存亡的天機！

在傳統觀念中，一個人遭遇了瀕臨生死存亡的重大危機，大師必須洩漏出來甚至能夠預知才算高明，因此常被「考死命」，弄得賓主不歡而散。顧客進門，二話不說，「刷」的一聲，從口袋裏掏出一個八字（或一張命盤），大師卯起勁來解說命運的眞諦，正在興高采烈之時，顧客打斷他的話：「這個人死了，你居然沒算出來，哼！」後面那個「哼」表示他的不滿，當然也質疑大師的能力。

這類事項畢竟有點弔詭，無法讓人釋懷，當期待與命理推論衝突時，民眾往往責怪命理而絕不考慮他的想像是否合理；我們希望深入探討，看出事情發生的原因，但是算命界好像沒有人跟你討論那種關係。

這個男命姓徐，姑且稱他小徐；他的生命有點坎坷，大師的分析如下：

丙午
乙未
乙亥
丙戌

乙日主生於小暑後七日，火有餘氣，亥未拱合，非但不能合木反而洩水生火；尤其生於丙戌時，一則洩身，二則破印，簡直像船破又遇打頭風，生命力弱一點的就只好殞滅。

小徐果然在申運末，十八歲癸亥年、乙丑月，車禍身亡。

前面的部分在解析干支結構，有模有樣，不算離題太遠；不過「亥未拱合，非但不能合木反而洩水生火」的說法非常怪異，亥爲水、未爲土，卻要合化爲木，豈有此理！如今因爲不能合化木，反而過來洩水生火，完全不知所云，識者一眼即看出，他不過只想套合此人猝死的結論。

「車禍死亡，從哪裏顯示出來？」根據大師的見解，申運末、癸亥年、乙丑月中，未與亥合成木局，造成合沖並存，命局被弄亂了，因而肇致此一災變；我的看法是，車禍若由上述的生剋產生，則同命者都將在此月身亡，這種推論乍看即知不通。大師也許辯說：「你錯啦！家屬來找我算命，這是一個觸機（機緣），我據此觸機斷他的生死存亡，別人與我無關。」

若是如此，就不是一個客觀的推論了。

許多朋友認爲，若能預知哪天翹辮子，未來的日子無論長短，均可自由支配，那就篤定了。一個朋友說：「我要是八十五歲才魂歸離恨天，我的生涯規劃將會盡善盡美。」我說，沒有那回事；這些人只不過自我想像能夠活到百歲，方才如此篤定，我要是洩漏天機說，明年元宵節過後就會掛掉，他也許就會抓狂。一個朋友說：「我祖父活到九十三歲才駕鶴西歸，我父親今年八十二，母親也八十一了，那麼我活八十五絕無問題。」我說：「從遺傳學的觀點看，尊親長壽固然是個誘因，但不能保證所有的子女都長壽，這也是一定之理。」他於是露出鄙夷的神色說：「你存心詛咒我，我跟你沒完沒了啦；前年有個大師算出我將活到九十三歲，我相信他的話……」

佛典指出，恐懼死亡屬於「俱生煩惱障」，轉世爲人必然具備了該項特質，絕無例外；既然如此，人懵懵懂懂活著其實也不算太壞，對不對？舉個例說，假設閣下預知五年後的夏至之日將嗚呼哀哉，死後三年，家境蕭條、妻離子散，我相信你老兄會「死目毋願客」（死不瞑目）。在現實人生中，預知死期與獲知死後的處境同樣困難，那是一個永遠無力觸及的問題；知識分子雖然擁有學問，懂得辨別一個命題、一句結論的對錯，卻對生死存亡的事束手，不知何故？我常在想，若連知識分子都要受騙，我們就不忍苛責那些凡俗之輩了。

傳統術士堅持陽壽可推，顯然根據以往的經驗，預測過許多人「壽終正寢」（或死於非命），並且斷驗如神，例如某大師說：「沒有根據的事，我是不會輕易說出口的；我一旦說出口，保證百分之百正確，這點你要相信我。」從話語中得知，他老兄對於何謂推論、何謂辨正是相當懵懂的。古籍記述推論陽壽的方法堪稱連篇累牘，例如《三命通會》卷七〈論壽夭〉中載有這些句子，信而有徵：

> 身妄鬼絕，雖破命而長年；鬼旺身衰，逢建命而夭壽。
>
> 欲知人壽長短，以本年納音觀其刑剋，若生月剋命，即多夭折。
>
> 顏回夭折，只因四大空亡。

上述每項都是擲地有聲，當作死亡的條件足矣；古籍既已明載，表示古人用過並且如響斯應，後世因此可以放下一百二十個心。不過他們忽略了一點，就算有所本，也不盡然正確，因爲陽壽具有個別差異，即使雙胞胎都不會同時歸陰，何況只是生辰相同，其理甚明。

一個奇中奇。

若想談神論奇，清朝文士王士禎在《池北偶談》書中記述的這個故事，堪稱

雲間的宋孝廉與淮南的白孝廉（「孝廉」爲舉人的別稱）是同年好友，兩人都精研命理之學，閒暇時候，經常交換研究心得自娛。某日，宋孝廉對妻子說：「我推斷白兄將在九月的某日過世，他沒有兒子，我要過江與他告別，並替他料理後事。」

宋孝廉於是搭船過江，抵達淮南時，白孝廉已在門口等候並笑著相迎：「我一大早就算出你今天會來。」兩人連袂入內，關起門來，相對開懷暢飲，如此經過數日，到了那天，白孝廉眞的無疾而終，宋孝廉替他把後事料理完畢，匆匆返回雲間。回到家裏，他對妻子說：「白兄的後事已經辦妥了，明年三月就輪到我了！」翌年暮春，他果然就在夢中去世。

這個故事讀來饒富趣味，宛若眞實，其實不可能爲眞，因爲人沒有那麼厲害，否則清朝以前早就發明太空梭了。王士禎興致勃勃地記錄此一見聞，他安的是什麼心，我們不得而知，但可以想像他是有感而發，志在揭露一些民間奇人異士；有些算命大師辯說：「命理從創始以來就設定推論陽壽、災厄以及六親榮枯的方法，但該方法在傳承中遺失了，後人因此無法準確推測那些項目；你們堅持命理無力臻此境界，究竟是命理的極致使然、抑或你的功力有限，也要分辨出來，否則一竿子打翻一船人，並非英雄好漢。」

這些理由常被江湖朋友提出，藉此斥責我對命理預測的無知，我還聽過一些廟祝以不屑的口吻說：「八字與斗數無力預測何時陞官、何時生子、婚姻成敗、災厄幾時降臨以及活到幾歲，因此論靈驗度，當然不如我們的王爺；王爺是個全能者，所有的疑難雜症都難不倒他，神驗無比，遠近皆知。」說那種話只是坐井觀天，不知天地幾斤重。

楊小姐在南部一家大型醫院擔任護理長，學的雖是近代科學，想的卻是牢不可破的傳統觀念，偶遇一些疑難，並非找專家諮商，而是到處找人算命，打聽到什麼地方有高人設硯，立刻驅車前往請益。算命先生對這種顧客當然竭誠歡迎，並且多多益善，蓋他們即使說得再離譜、再荒誕不經，顧客都聽進耳朵裏，保證不會反駁。

先天命宮在戌，貪狼坐守，大限到午，內有破軍、擎羊、地劫，此限太陽化忌於巳，這個忌的所在恰爲先天疾厄宮，暗示什麼事故（見222頁命盤）？那個大師只想一秒鐘就斷言：「四十九歲甲申年有個劫數。」楊小姐關心地問：「什麼劫數？失業、破財、車禍，或發生家庭變故？」大師說：「上述狀況都有可能；但依我看，罹患重疾的成分較大，因爲那是疾厄宮，化忌入此，勢必損及健康。」楊小姐聽得六神無主，她說：「我每年健診兩次，顯示我的健康狀況還不錯，至少目前尚無這方面的警訊。」大師緩緩地說：「太陽原本是個父星，男性行運至此，鐵定遭殃，這些男性包括了父親、兄弟與丈夫，女性當然不適用，不過也非完全無用，因爲太陽五行屬火，不妨類化爲心臟、血液循環以及泌尿系

太陽 鈴星 癸巳	破軍 擎羊 地劫 甲午 大限命宮	天機 左輔 右弼 乙未	紫微 天府 丙申
武曲 陀羅 地空 壬辰	丙申年四月×日未時 女命		太陰 天鉞 火星 丁酉
天同 文昌 辛卯	木三局		貪狼 戊戌 命宮
七殺 庚寅	天梁 辛丑	廉貞 天相 庚子	巨門 文曲 天魁 己亥

甲午大限太陽化忌，這個忌落在兩個宮位中，那麼將有兩個象徵意義，其一是先天疾厄宮，其二是大限兄弟宮，化忌主凶，若有什麼災厄，當在這些方面。

先天疾厄宮遭忌侵入，就會罹患重症嗎？似乎沒有這種說法，那是誤把疾厄宮當作生病宮；正確的說法是，此人恐怕無法以平常心對待自己的健康，而非她的健康受損甚至罹患絕症。

統，千萬不能漠視……」

大師言之鑿鑿，讓她不得不信；此事畢竟荒唐，一個護理人員居然聽信一個術士有關健康的警告，她的書白唸了。這些大師慣以一種權威的口氣談命說運，顧客幾乎無招架的餘地；偶爾遭到質疑，例如楊小姐表明她是個護士，大師多半辯說：「我算了三十幾年的命，閱人無數，你想跟我辯，門都沒有！」不過你若問他：「太陽的五行屬火，根據什麼？」大師答：「書上寫的，不信你翻書瞧瞧。」我不用翻書也知道太陽五行屬火，我的意思是這個火是怎麼來的——太陽爲什麼要定義爲火？難道我們不能定義爲水或木嗎？

命理若無推論疾病、災難與陽壽的裝置，你想洩漏天機，當然辦不到；這種情況就好像電腦未灌 adobe 程式，將無法瀏覽照片。顧客對某些命運概念外行，也間接造成術士的膽大妄爲。許多大師深知此事的荒謬，但爲了生計，無論如何也要擠出一個答案交差，不然誰給他潤金；不過解答此一難題畢竟非他的能力所及，最後也許就頑抗說：「有無推論疾病與壽命的裝備，不是你說了算，而是要訴諸所有的使用者；一千多年沿用過來，沒有人質疑，所以我認爲命理具有推論上述事項的裝置，無庸置疑。」這種說詞太有創意了，我幾乎說不過他，趕緊落荒而逃。

前面找我問陽壽的老先生在此之前見過某大師，那個大師掐指一算說：「六十九歲那年流年與日柱沖剋，白虎沖射與喪吊臨門，全無解救之功，劫數難逃哪！」老先生心生畏懼，露出惶恐的神色，怯生生地問：「我今年六十四，你的意思是我只能再活五年？」大師說：「不錯，按照行運論法，到了那年，你將因車禍、墜樓或罹患重症而死去，這是命中註定。」

那個大師舒了一口氣，繼續說道：「不過這也並非全無解救之道，你要是積了陰德，可望延壽一紀。」原來此事並非絕對，而是經常出現例外，只不過沒人知道那個例外（積了陰德）屆時是否發生罷了。一紀就是十二年，最遲將在八十一歲那年駕崩。老先生內心竊喜，從此燃起了生之慾望。

這種結論堪稱賓主盡歡，也是算命的目的；我這個人天賦異稟，看出其中一個弔詭，我問他：「憑什麼說他能活那麼久？你是北極玄天上帝還是閻羅王？」大師有點不好意思，最後也許答道：「我只是一個凡夫俗子，不懂那些宗教道理，我分析的都是命運中的要事；將那些要事洩盡，你才算不白拿人家的潤金。」我打蛇隨棍上：「閣下的意思是說，大限來到之前，他從十八層樓一躍而下，或在高速公路上發生車禍，仍然會膚髮未傷、活蹦亂跳嗎？」他一旦無力招架，就會落荒而逃。

多數人聽到自己陽壽不長，多半嚇得六神無主，從此憂心忡忡，想盡辦法尋求化解之道；所謂「化解之道」，無非經由制解、祈禳或其他的法術，藉以延續他的性命，卻沒有人斥責大師之說爲無稽，也是怪異至極。民間傳說，「北斗註死，南斗註生」，面臨生死存亡的關頭時，向北極帝君祈求延壽，而向南極仙翁祈求賜福，多半可以達成願望。

這個八字載於《滴天髓闡微》中，作者任鐵樵先生爲清朝中葉最負盛名的八字學者，他的論法不脫傳統的模式，內容有點怪異，論述有些離譜，不過仍有一些研究的價值：

戊子
戊午
戊戌
戊午

任氏說，「滿局火土，子衰午旺，沖則午發愈烈，熬乾滴水，是謂天干不覆」；子午沖不過是根基動搖，爲什麼會有「沖則午發愈烈」之象？也爲什麼會有「熬乾滴水」之說？任氏沒有交代，我們當然不得而知。

他說，「初交己未，孤苦萬狀；至庚申、辛酉，引通戊土之性，大得際遇，娶妻生子，立業成家」；任氏顯然把「大得際遇」歸功於庚申、辛酉兩運「引通戊土之性」，意思是說，走到喜用神運，成家立業，從此過著幸福快樂的日子，他未免高估命理的功能而低估人的努力。

任氏的結論是：「一交壬戌，水不通根，暗拱火局，遭祝融之變，一家五口皆亡」，這種推論若是眞實，同命者都將「遭祝融之變，一家五口皆亡」，眞的不得了。究實地說，災厄只降臨於此人家裏而不發生在其他同命者身上，必有別的因緣在，那是什麼，最好一併提出討論，而非僅在八字干支中發揮。災難發生的內情十分玄祕，別說古人，現代人又有幾個能夠解答呢？

那麼「此人可能挽回天心嗎？」任氏說，「如天干透一庚辛，或地支曾一申酉，豈至若是之局乎！」如果天干見庚辛、地支見申酉，可能避免遭難，此話似乎可信；不過他好像極度相信祿命的功能，而輕忽眞實人生的價值。依我看，災厄若是存在的，就算八字完美無缺，照樣常履險阻；理由無他，災厄內容、何時降臨以及能否及時趨避等等，均獨立於八字之外，非干支所能推算，更遑論趨吉避凶了。

即使如此，不信者恆不信；一個朋友指出：「術士預測陽壽有時神準，我們村子有個老錢，被鄰村的周瞎子算出六十三歲大運與月柱天剋地沖，六十七歲那年再逢白虎、喪門沖命，這絕對是個大劫難，陽壽到此，嘎然而止，果然在那年因爲心臟病翹了辮子。你們這些人太鐵齒，難怪學不到八字的精髓。」

我如果否定他們的說法，等於人家在吃米粉，我在旁邊「喊燒」！其實只要稍微分析一下，就能發現癥結的所在，例如你不妨問他：「八字相同，所有的結論同命者眞的都會發生，這是邏輯推論的規則，除非你推翻它；其他的同命者都在該年死去嗎？」一旦答不出來，他們就會顧左右而言他。

大師後來也想通了，好像接受太多的質疑，自然而然產生了抗體，他說：「我後來猜想，單憑一個八字或一張命盤當然觀測不到，但是輸入祖墳、陽宅風水以及父母的生肖、配偶的姓氏等等，就能判別出來；究竟如何輸入，這是一個千古祕密，非師門不傳，因此只有我們少數入室弟子懂。」

他講得天花亂墜，萬鳥爭鳴、萬眾朝拜，我想挫挫他的銳氣，於是不客氣問他：「你算命時，曾把那些事項考慮進去嗎？」他足足愣了五秒鐘，然後把頭搖得像得了搖頭瘋似的，不知是對我的問題不滿，還是對他的師承不滿；我於是義正辭嚴地說：「就算考慮了又怎樣？須知八字也好、斗數也好，它們的結構都是封閉的，不允許任何條件的輸入，閣下提示的那些外境沒有一項可供利用，不過講出來仍然冠冕堂皇，足以讓所有的質疑者閉嘴。」當然啦，不該準的卻意外準了，不明就裡的人驚爲神異之餘，難免對命理有所期待，也是目前普遍存在的現象。

陽壽屬於一個特性、一種業報的結果，換句話說，此事牽涉個人的業力，故非一體適用，雙胞胎不會同時駕鶴歸西，同命者也不會一起嗚呼哀哉；進一步說，壽命的長短既不寫在干支之中，也不存在於任何一種術數之中，命理無力預測，不用懷疑。

即使如此，一些朋友仍然樂觀地說：「李醫生相信了，從此積極振奮，繼續造福杏林，說不定到了八十歲還活得像一尾活龍，不也是功德一樁嗎？」若是如此，當然值得嘉許；不過命理變成一針興奮劑，這是命理存在的悲哀。

靈魂之說

美國有個十二歲小孩大學畢業，
十五歲就獲得博士學位；
一個十四歲小孩讀研究所，
預定四年之內攻獲四個博士學位。
另外一個台裔小孩十四歲，
正在美國唸研究所，IQ高達一九四，
這是人類智商的極致，
據說全世界只有五個人；
大文豪蘇東坡說過，「書到今生讀已遲」，
那是前世的累積。

二〇〇一年間，英國學者完成了一份「瀕死經驗」的調查報告，確定人的意識在大腦停止活動後還繼續存在；所謂「人的意識」，就是一般熟知的靈魂。靈魂一旦被證實存在，那麼轉世、陰間、鬼神等等神秘經驗，也像挖番薯那樣一串一串地被拉出來。宗教雖然堅持靈魂說，但是佛教始終力排眾議，主張諸行無常，因此排斥有個恆常不變的靈魂。這項報告澄清了三千年來西方世界對靈魂所持的誤解，可以預見的是後續的研究將於焉開始，這個部分才是重頭戲。靈魂存在與否爭論了兩千多年，迄今仍未止息，這項證明宛如一場及時雨，至少不再有人視靈魂之說為異端。

西方文化排他性很強，中古時期歐洲的文化雖高，但是思想觀念被《聖經》箝制，以該書記載的內容馬首是瞻，此外的任何主張都是異端邪說，若非消滅便是打壓，燒死異教徒的歷史如今讀來仍然感覺怵目驚心。靈魂的存在與否屬於唯心論的範疇，又稱超覺感應，在西方唯物史觀下受到嚴厲排斥，並不令人意外；西方是西方，東方是東方，在這方面果然很難溝通，許多信教的朋友輒言：「死後的事交給上帝就行了，管那麼多幹嘛！」似乎乾淨俐落，卻忘了學問研究的必要性，也忽視做人的道理。

道家典籍《雲笈七籤》（晉葛洪編著）上說，人有三魂七魄，三魂指胎光、爽靈、幽經；七魄指尸狗、伏兵、雀陰、呑賊、非毒、除穢、臭肺。平常的狀況下，精神、肉體合而爲一，死後魂魄出竅，三魂茫茫，七魄渺渺，魂飛溟溟，飛抵陰陽界，踏上黃泉路，跨過奈何橋，來到陰曹地府，從此陰陽兩隔。若無靈魂，那麼信仰就頓失所怙，尤其台灣人將不知如何面對祖先和自己的身後處境，說多嚴重就有多嚴重。過去幾個世紀以來，東西方的科學家對靈魂學始終嗤之以鼻，面對這份「瀕死經驗報告」有何反應，就不得而知了。當然啦，不信邪者繼續不信邪，此事牽涉了個人的意識型態，根本有理說不清。

靈魂一旦被證明存在，許多塵封已久的老問題就會浮上檯面，在過去的年代，包括輪迴、果報觀念、羽化成仙等等宗教或神話故事都被斥爲迷信，因而被知識分子唾棄。科學家幾乎都是唯物論者，主張人體概由物質（原子或次原子）建構而成，人死後物質解離，塵歸塵、土歸土，什麼也沒有留下。某諾貝爾獎大師曾說：「我們受過嚴格的科學方法洗禮，從來不信看不見、聞不到、摸不著的東西，鬼神、靈魂與命運就是其中之一。」照他的邏輯，愛情、憎恨、悲歡離合這些純感官經驗都是不存在的。其實科學家面對許多自然現象，仍然採取推測或間接證明，舉個例子，微中子、紅位移、頂夸克以及重力、黑洞等等，最多只是利用儀器測得，而非直接看見或親身體驗。科學家普遍接受西方實證邏輯論的影響，誤以為科學方法可以通吃，才有此神來之筆。

宗教多有唯心論的傾向，蓋強調生命的精神層面，在心物合一、陰陽調和中發展，身心從此輕安自在，恰與唯物論者的堅持頗多扞格，頗有勢不兩立的態勢。現在證實科學技術並非萬能，現象界尚有許多處女地亟待開發，任何人視科學為萬能顯然都是目光如豆；問題是科學家普遍以為科學接觸不到的現象即不存在，這是心存偏見，不足為訓，愛因斯坦就說過，「沒有科學的宗教是盲目的，沒有宗教的科學則是跛腳的」，此話極有見地，也許讓一些自然學者汗顏。牛頓中年以後矢志研究《聖經》，是因為他遭遇了一個空前大難題：他的重力理論得以毫無偏差地計算九大行星運行的軌跡，但究竟是「誰把它們放在那裏的？」這個問題多年來盤踞他的內心，始終無法釋懷，最後決定從《聖經》中找尋答案，這樣的行爲顯然會讓科學界瞠目結舌。其實牛頓生前還積極從事著一些更驚人的實驗——他投入「神話」、「占星學」以及「煉金術」的探討，某些傳記還說他對煉金術的興趣遠大於重力理論。

《聖經》上說，人死之後都要在墳墓中待著，等候世界末日到了，再從墳墓裏爬起來接受審判，由上帝（造物者）決定閣下上升或者沉淪，這也是許多宗教的通說。審判之後，該上天堂的上天堂，與天使美女嬉戲；該下地獄的下地獄，替閻羅王挖煤；剩下的往何處去，似乎沒有交代，但依我觀察，他們多半可望繼續轉世爲人。人的本質屬於善惡兼具，五欲熾盛，好壞不一，因此做人苦樂參半，吉凶互見；民間傳說轉世之前，要喝一盅孟婆湯，前世記憶從此忘卻，另外一個嶄新的生命於焉開始。假設人類都還記得前世，也許就不好玩了，兩個陌生人路上相遇，定睛一瞧，「咦，那不是三輩子前的殺父仇人嗎？」說時遲、那時快，掏槍的掏槍，亮刀的亮刀，這個地球早就變成殺戮戰場了。

二〇〇〇年間報載，美國有個十二歲小孩大學畢業，準備唸研究所，大約十五歲就能獲得博士學位；另外有個十四歲小孩進入研究所讀博士，預定四年之內攻獲四個博士學位，聽來宛如一個哈利波特的神異故事。有個台灣移民過去的十四歲小孩此刻正在美國唸研究所，他的IQ高達一九四，這是人類的極致，據說全世界只有五個人。在台灣，十四歲才唸國二，大學畢業時已二十三歲，永遠產生不了一個弱冠博士。宋朝大文豪蘇東坡說過，「書到今生讀已遲」，除非承認那是「前世的延續」（台灣話叫「讀前世冊」），否則那些特殊的記憶與解析力從何而來，也許連遺傳學家都要瞠目結舌。

清朝薛福成在《庸盦筆記》中記述一個關於清朝中興名臣左宗棠的故事，讀來十分傳神：

左氏有個表弟名叫吳偉才，兩人同在嘉慶十七年十月初七日寅時出生，兩家相距九里多，誕生之時，雙方各派僕人向對方報喜，報喜者就在半路上巧相逢。

左吳二人的八字同爲壬申、辛亥、丙午、庚寅，小時候都有神童之譽。

「知道左宗棠是誰嗎？」

「我不是很清楚，大概是唐朝的人吧！他好像是個將軍，又像一個詩人，因爲有一首詩是這樣寫的：『大將籌邊尚未還，湖湘子弟滿天山；新栽楊柳三千里，引得春風度玉關』，就是在讚嘆他的功績；對了，我記得有一道菜叫左宗棠雞，燒得非常可口，每次去餐廳吃飯，我都叫這道菜。」

道光壬辰年（一八三二），左宗棠參加鄉試，立刻中了舉人，吳偉才讀書未成，被迫改行，以殺豬爲業；左氏當閩浙總督時，吳偉才到福建找過他，希望謀個差事，由於其他的因素阻撓，最後只好作罷。左氏一生功勳彪炳，殺賊數以萬計；吳偉才命雖帶煞，但是大材小用，畢竟也殺了幾萬頭豬。在以功名論成就的古代，左氏的豐功偉業當然勝過吳氏很多，即使在職業無分貴賤的今天，好像也沒有人認爲吳某能靠殺豬闖出名號（最多只能被推爲肉品工會理事長），兩人的成就懸殊，證明八字不足爲憑。

壬申
辛亥
丙午
庚寅

印比有三（丙午寅），食傷財官有五（壬申辛亥庚），加上失令，身弱無疑，若按一般扶抑取用法，身弱當以印比爲用；印在時支、比在日支，雖然藏支，但都是本氣，喜用有力，機緣成熟，可望締創一些佳績。

七煞透出，依據「有煞先論煞」，成就因而有些改變。我們比較印比與財煞之勢，發現仍然身弱，但日主紮有強根，因此可用食傷制煞，食神與傷官均藏於支中（申寅中藏戊，亥中藏己），藏者爲隱，必須挖掘出來，才能作用，故亟待後天行食傷之運時引拔而出，作用發揮出來，就能鷹揚豹變。「有煞先論煞」屬於特別格局，入此格者極易興發，但仍需要勵精圖治，劍及履及地奮鬥，成就所需的條件也較嚴苛；依我判斷，左氏符合特別格局，在行食傷運中驟發，吳某則在身弱以印比爲用中發揮。

我曾與某大師閒談，他堅持命運不能單獨運作，而要配合其他的條件，包括祖墳、陽宅風水、八字、星座、姓名學等等；我們於是有了如下的對話——

我問：「根據流傳了幾千年的傳統觀念，生辰一旦相同，命運應該無差，但證之左吳表兄弟的際遇，似乎不通，爲什麼有這種事發生？」

他答：「若連雙胞胎的命運結局都有差，那麼兩個村莊的兩個年輕人在未來的際遇中發現差異，根本不足爲奇。」

我問：「問題是這種差異與傳統強調的理念有悖，你必須說明兩人之間的異同是怎麼產生的，這種事困難嗎？」

他答：「命理程式本來就是簡陋的，揭示的內容更是支離破碎，過度依賴就會迷失自我。」

我說：「從命理發展的過程看，此事堪稱非同小可。」他說：「不錯；從相同的八字推出不同的命運結局，好像算數，2＋3＝？有時等於5，有時等於9，有時等於16，這種道理乍看即知不通；我們的堅持是正確的，算命必須輸入一些環境的條件，不然就會鐵板踢得哇哇叫。」

這個朋友採取誘敵深入的方式，一步一步，把我逼到絕境，試圖將我擺平；

但我是何等精明之人，豈有不知他的計謀之理。

生命歷程中，任何人都要學習專業知識與特殊技術，據此謀生，方得溫飽；即使同命者，由於學習意願的高低與學習方向的不同，因而造成後天境遇的差異，這點應無疑義。此外任何一種術數揭示的人生軌跡都難以周延，因此無力探測各種事項的成敗。許多人並不支持這類觀點，而是另闢蹊徑，找到一些方便法門：「我認為那是你的淺見，而不代表多數人跟你一樣；道理很簡單，祖墳、陽宅風水不同，成就當然有差；此外父母生肖、配偶條件甚至生長環境、文化背景的不同，也會帶來差異，你不懂，就別亂說話。」

我問：「你問過我那些問題嗎？」

他終於語塞。

聽完我的分析後，某大師嘆了一口氣說：「就算三歲小兒也知道左氏的成就較高，你們連這種芝麻小事都無法辨別，卻想推翻古人的學說，我看你不過是蜉蝣撼大樹！」八字的缺點很多，只有江湖術士才會認爲它是完美的。

左宗棠與表弟吳偉才的成就從八字中似乎看不出什麼差異，這是八字不足之處，好像永遠無力改善；「斗數呢？」當然値得一試。

這個時辰誕生的人立命在酉，太陽、天梁與地空坐守，雙星並立，有吉有煞，看似壯觀，其實未必；我們仍要觀測三方諸宮的星曜分佈狀況，才能隱約發現一些命運發展的軌跡（見242頁命盤）：

㈠事業宮在丑，內無主星，輔星地劫、左輔、右弼坐守。

㈡遷移宮在卯，內無主星，輔星天魁坐守。

㈢財宮在巳，太陰與天鉞坐守。

從三方宮位看出，星曜結構相當殘破，蓋只見½的巨日與¼的機月同梁（兩組星群都只見一半），主星三顆，承載量顯有不足，既然無力承受重任，做爲一個凡俗之輩就不足爲奇了；如此這般，好像比較符合吳偉才的身世。不過輔星

<table>
<tr><td>太陰 天鉞
乙巳 財宮</td><td>貪狼 文曲
丙午</td><td>天同 巨門
丁未</td><td>武曲忌 天相 文昌
戊申</td></tr>
<tr><td>廉貞 天府 火星
甲辰</td><td colspan="2" rowspan="2">嘉慶十七年十月初七日寅時
男命
土五局</td><td>太陽 天梁祿 地空
己酉 命宮</td></tr>
<tr><td>天魁
癸卯 遷移宮</td><td>七殺 陀羅
庚戌</td></tr>
<tr><td>破軍
壬寅</td><td>地劫 左輔 右弼
癸丑 事業宮</td><td>紫微 擎羊 鈴星
壬子</td><td>天機
辛亥</td></tr>
</table>

一個人的事業宮空虛，事業心必弱，無心承擔重任，想要發達，困難重重；但因擠進三顆輔星，反而每天在此起心動念，那麼他將會有一種力不從心之憾。

左氏如此，他的表兄弟也是如此。

人際關係（遷移宮）的情況類似，與人交往總有一種無奈，現代社會社交活動頻繁，這種現象將使他們更加窘迫。

照入六顆，輔星象徵慾望，因此慾望無窮，這是一個人努力經營事業、冀望成就的原動力，缺此動力，那才眞的會一事無成。

我們也別以爲八字結構佳美，尤其在「有煞先論煞」的庇蔭下，左氏因而締創了彪炳功勳；持此論者充其量只是在套命——預先知道那是左氏，再將他的事蹟套入，果然如響斯應。朋友質疑道：「左氏表兄弟都是神童，名聞鄉閭，後來的發展卻千差萬別，也許在什麼關節之處弄錯了，終於一錯再錯，弄得面目全非。」似乎如此，但畢竟無法舉證。

在後天環境中的表現，神童與天才畢竟不同，前者從兩三歲就被發掘了優越的天份；後者有時候要到十幾二十歲才終於嶄露頭角，例如莫札特五歲就會作曲，寫出「一閃一閃亮晶晶，滿天都是小星星……」這首膾炙人口的童歌，這是神童的行徑。法國數學家高斯也有一個膾炙人口的神童故事，十歲時上算數課，老師要同學從一加到一百，當別的同學埋首計算紙上，他只花一分鐘就寫出答案

（五〇五〇），老師問他怎麼算出來的，高斯說：「我看出頭尾相加爲一〇一，共計五十組，一〇一乘五〇，其積爲五〇五〇。」

日本有首非常著名的演歌叫《林檎追分》（蘋果懷想），美空雲雀主唱，作曲者爲米山正夫，四十幾年前某日，米山應邀參加NHK音樂禮堂落成典禮，在等待的過程中，無事可做，他忽然心血來潮，用手上的節目表即席譜成該曲，歷時大約十五分鐘；這就是天才的行徑。

無論神童或者天才，這些特殊經驗絕非憑空而來，例如閣下自小喜歡塗鴉，曾獲市長頒獎，若無一些內應，根本無法想像；有些小孩對數字有高度的興趣，有些小孩只玩機械原理，這些異能在科學上有解嗎？科學界一旦確定靈魂，就連帶要確定果報，這是必然之理。表面上看，因果通三世，三世就是前世、今世、來世，時間相隔不長，事實上差距可能高達數劫。例如有人被殺、被構陷、被倒債，苦主往往辯說：「他幹嘛找我，我根本沒欠他。」不錯，此世未欠，前世呢？有些業因形成於五百世前，證據已失，當然抵死不認；別說前世，兩年前借的錢都還想賴債呢！有個朋友說：「前世？哼！我怎麼知道前世做了什麼事，拿這種死無對證的事為難我，算了吧！」

有個實例可供參考，高雄某知名人士曾是鹽埕區的望族，家產富饒、生活富裕，因而養成他糜爛的習慣，年輕時每天流連聲色場所，大量資產終於變賣精光，他雖然娶妻生子，卻不顧妻兒的生死，家庭全靠老婆一個人在撐持。四十年後，他老兄散盡家財，無依無靠（與家人失聯數十載），一個人躺在養老院中苟延殘喘；院方以為他被子女遺棄，準備進行控告，後來子女現身，眞相終於大白。五十歲以上的高雄人多半知道此事，對此公的遭遇未必寄以同情，而是說風涼話：「現世報啦！看到沒有？」如果時間往後推一百年，活著的人都不再記得此事，有人偶爾提起，說不定還嗤之以鼻：「甘有那款代誌？」

探討靈魂的文字儘管滿坑滿谷，讀過任何一篇的人依舊很少，有些人憑著直覺頑抗，那種振振有詞狀，令人印象深刻；既然無法說之以理，我只好故作神祕狀說：「昨晚我進入甚深的禪定，進入非想非非想天，發現兩世之前我欠閣下二十萬元，現在還給你……」我話還沒說完，他就伸手向我要錢，誰說沒有前世的事！

古代的印度也是群國割據、諸國林立，其間並無統一的文字，而由各國自行創造，堪稱五花八門，令人眼花撩亂；即便到了今天，印度通行的紙鈔上仍載有十二種方言文字，當年紊亂的情形可想而知。

玄奘在《大唐西域記》書中記述了一個他聽來的故事，值得我們深思：

有個叫做波你尼的修行人頗具高瞻遠矚，他深知文字凌亂帶來的禍端無窮，於是發憤編寫一套文字學。他向大自在天主祈禱並說明意願，大自在天主讚嘆說：「這是功德一樁，放心好了，我會保護你的。」經過數年的蒐集與整理，波你尼終於寫成一千頌、每頌三十二句的《聲明論》，那是一部皇皇巨著，足以名留千古。他將該書獻給國王，國王非常高興，通令全國百姓研讀，由於文字架構清晰，涵義解說詳盡，因此澤被後世子孫，該國的學者、婆羅門從此無不才思敏捷、知識淵博，並強於記憶。

物換星移，匆匆已過數百年，有個證悟無生法忍的阿羅漢在迦溼彌羅國遊化，隨後來到犍馱羅國；他坐在路旁休息時，瞥見一個老婆羅門正拿著棍子責打他的小孩，阿羅漢關心地問：「你幹嘛折磨這個孩子？」

老婆羅門說：「你有所不知，我叫他學《聲明論》，他一直學不好……」

阿羅漢聽後，不禁露出笑容。

老婆羅門生氣地說：「出家人理應慈悲爲懷，憐憫我們這些可憐的眾生才對，我打小孩，你卻在旁幸災樂禍，我想聽聽你的道理。」

阿羅漢說：「我怕你聽了疑惑更深，那才罪過！我這樣子說好了，你聽過波你尼仙人寫作《聲明論》，教育後世的故事嗎？」

老婆羅門揚揚眉頭說：「他就是本城的人，我們敬仰他的德行，特地給他塑造的石像，現在都還豎立在那裏呢！」

話既然說絕了，就不能不找下台階；阿羅漢於是老實招供道：「你這個孩子就是當年那位波你尼仙人，他的記憶超強，閱遍世俗的典籍，堪稱知無不盡；不過他研究的都是一些異端雜說，而從未探索人生眞理，智性因此逐漸泯滅。他在輪迴中不斷流轉，憑著過去那點餘蔭，投生爲你的孩子，他似乎不再擁有過去的才智了；我們最好記住，精研世俗的文學藝術、詩詞歌賦，畢竟與解脫生死無關，白費力氣而已。」

那個阿羅漢說完，示現神通，刹那間消失無蹤；老婆羅門後來把這件事講給街坊聽，並慨然讓孩子出家，重新淬煉生命的菁華。這種故事實在太巧妙了，巧妙得有點虛構的味道。台灣的小孩從小被要求背誦《道德經》、《古文觀止》、《唐詩三百首》等書以及〈出師表〉、〈祭十二郎文〉等文，這些文字大多被視爲死文學，蓋艱澀難懂，知其字而不知其義，一目十行，背過即忘，自然就白費心思。我沒有宿命通，不知各大學的學子之中有無老子、孔子、韓愈、程顥或胡適的後身，依照前述阿羅漢的觀點，難說沒有。

一個人從最聰明變成最笨，過程中一定出了什麼差錯，進一步地說，也許摻雜了某種特殊因緣而造成結局不變，那是什麼因緣？大概沒有人說得出來。遺傳學家認爲，基因在演化中發生質變，造成異案出現，但哪個部分發生質變，恐怕也是一問三不知。其實就算說了又怎樣，天份（聰明才智）來自先天，屬於前世的延續，而非只是一般熟知的遺傳；玄奘的故事眞假難明，卻不能說那是他杜撰的，因爲宗教的神蹟向來如此。這個故事給後人的啓示是，理論思考與技術活動多屬奇淫異巧，無濟於人生境界的提升，對於改造生命、獲取來世利益，更是缺乏正面的價值。

一般宗教堅持靈魂爲生命的主體，一種亙古不變的本質主宰著輪迴與再生，包括出身的環境、福澤的厚薄以及後天的災福、運勢的起落等等，從過去到未來，從這世到那世，概由靈魂決定。有個不錯的譬喻，身體好像布袋戲偶，戲台上角色穿梭，一會兒史豔文，一會兒藏鏡人，一會兒祕雕，一會兒黑白郎君，簡直出神入化；「靈魂呢？」當然就是黃俊雄那雙手。佛教基於「諸行無常」的法則，否認有個恆常不變的本體，靈魂之說顯然違背了此一原理；佛教所謂的轉世，概在五蘊中作用而不涉其他的因素。

五蘊就是精神與物質的現象，其中色爲物質現象（而非情色），剩下四種則是精神現象，我們改用現代名詞分別敘述如下：

受→承受、接觸
想→思考、想像
行→意志、行為
識→辨別、了別

唯識論稱五蘊爲「阿賴耶識」的影相，其中含藏著宇宙諸法的種子，那是一切物種的根源，也是「識所緣，唯識所現」的精神所在。其實名色也好、五蘊也好，對於缺乏此一概念者而言，都是虛無縹緲的名詞；他們堅持那句老話，「必須能夠證明它確實存在，才能獲得別人的認同」，但是證明一個概念性問題，談何容易！例如有朋友質問：「那些種子藏在哪裏，敬請揭示出來，讓我們看個清楚，否則仍然只是一種想像，難以服眾。」我因才疏學淺，又未專研佛學，面對那些概念也要傻眼，叫我揭示，不如把我的筋抽了。

有些不信邪者打蛇隨棍上，也來質問道：「你們成天談論命運，幻眞幻假，似眞似假，我的問題是：那些命運放在哪裏，拿出來讓我們瞧個究竟好嗎？」我聽後大駭，也在自問：「這種問題有解嗎？」至少科學界迄今仍沒幾個人重視，更遑論深入探討了。

近代物理學的熱門課題是關於「弦論」（string theory）的探討，在二十世紀八〇年代興起，迄今方興未艾；該論提及十度空間與十六度空間的共恰問題，意思是說，到了那個次元，物理界的四種力（重力、電磁力、強核力、弱核力）可望融合，包括爭論許久的相對論與量子論的「統一場論」問題也將合而爲一，這個世界看來就祥和多了。

減壽換取大位

天命的觀念源自封建社會，
庶民興兵造反，
首先必須取得廣大群眾的支持，
才算師出有名；
這種支持並非取決於民心的向背，
而是上天的任命，
例如自稱紫微星君下凡、
北極玄天大帝投胎、彌勒菩薩降生，
經由文學筆法的渲染，讓人信以為真。

〔了無居士〕天命所歸

一九九九年間，民進黨前主席許桑聲明退黨自力更生，正式與一起奮鬥經年的老友決裂；他說，競選總統是他的「天命」，此生最大的責任就在於努力完成玉皇大帝交付的任務。他忍辱負重，經年累月，頭髮掉光，背脊被壓得有點駝，步履開始蹣跚了，當時曾有朋友問他：「那個天命究竟如何交下的？爲什麼是閣下而非別人？」此外有人問道：「許桑的天命與馬英九的天命，究竟是異是同？」許桑未曾說明，不無遺憾。

清朝乾隆年間，某縣有戶人家夫妻兩人共同簽了一份「賣身契」，內容是「宋聖同妻張氏，為因年時荒歉，難以度活，情願央中，夫妻二口靠到鄧宅為僕，三面議得身價銀七兩，任憑家主使喚，倘有不測，各安天命」，後面的「倘有不測，各安天命」指的是無論生死或者存亡，全部交給上天裁奪，好像現代人簽訂合約，聲明放棄「司法抗辯權」。

「天命」的觀念源自封建社會，庶民興兵造反，首先必須取得支持，才算師出有名；這種支持並非取決於民心的向背，而是上天的任命，故稱「天命」，例如自稱紫微星君下凡、北極玄天大帝投胎，甚至彌勒菩薩降生、賓頭盧尊者再世，然後經由文學筆法的渲染，讓人信以為真。清朝學者薛福成說，清朝中興名臣曾國藩的誕生，也是一種天命，藉以顯露他的不凡。曾氏生於嘉慶辛未年十月十一日亥時，出生之前，他那七十歲的曾祖父夢見一條大蟒蛇自空而降，落在他們家的中庭，蛇頭靠在樑間，蛇尾盤繞在柱子上，鱗甲閃爍，發出金黃色亮光，令人不敢逼視。老祖父驚醒後，還在懷疑夢境的眞假，就在此時，接到家人來報，說他添了一個曾孫。

饒州知府張澧精於相術，他說曾國藩的相貌是「龍之癩者」，因為曾國藩端坐注目時，兩眼朦朧，那個模樣就像一條癩龍。曾氏出生就患有嚴重的癬病，張澧在曾府中工作八年，每天早上起床，曾氏一定會邀他下一盤圍棋；曾氏下棋時，兩眼瞪著棋盤，兩手則不停搔著皮膚，沒多久桌下就積滿了皮屑，看起來非常恐怖。

世人好談鬼，卻沒有人見過鬼；世人也好說龍，卻也始終不曾見過龍，鬼與龍都是另一次元的眾生（鬼居鬼道，龍居畜生道），人類憑著肉眼當然是看不到，因此關於鬼與龍的描述無一不是個人的想像，包括張澧說的「癩龍」在內，這是毫無疑問的事。

我翻閱袁樹珊編著的《袁氏命譜》時，也發現曾氏的八字，袁氏對此命有些特殊的見解，抄錄一部分批文如下：

辛未
己亥
丙辰
己亥

丙火生於小雪之後，與盛夏之赤帝司權迥異，月時兩干並列己土，年支未中藏己土，日支辰則藏戊土，土多晦火堪虞；所幸命宮甲午，干木支火生助日主，惟用神雖備，仍有鞭長莫及之嘆。

據袁氏之見，此造以木火爲用，兩者均深藏於支，因此喜用乏力，當非一個佳構。曾國藩替大清帝國立下汗馬功勞，若說沒有一個巨構、一些異相加以烘托，誰都不信！大概爲了替此一貴顯背書，在左支右絀的窘狀下，最後連命宮都搬出來。「命宮」本是斗數的專有名詞，那是斗數論命的樞紐，一個感受憂悲惱苦、悲歡離合的機制；有些八字大師不但找來命宮，甚至連胎元、胎息都搬出來湊熱鬧，果然漪歟盛哉！

袁氏指出，月時兩個亥都是貴人，等於前呼後擁，助力非同小可；亥中藏有甲木，年支的未與日支的辰也藏有乙木，如此「前引後從」，四木足以牽制四土，丙火日主從此光輝燦爛，呈現一片亮麗的景象。如此論述，顯然遷就曾氏的個人事蹟，等於替曾氏量身訂做，他也許覺得唯有如此，才能充分描述一個偉人的生平而絲毫不考慮其他同命者的處境。

據我觀察，此造必須棄命從勢，理由有三：一是失令，二是只紮微根，三是棄命之後只剩三種五行（土金水）；若非如此，那麼所有的干支（除日主丙外的七個干支）概爲忌神，他還活得下去嗎？

古典命理指出，命中有印有比，絕無棄命的可能，袁氏也許基於這個理由，到處張羅，講一些違背論命原則的話，讓人難以消受。論命應就整個氣勢而論，而非受制於後天一些既定的事實，袁氏認爲曾氏締創了彪炳功勳，就沒有棄命的道理，當然未必如此。

從斗數的觀點看，又有另一番境界（見259頁命盤）：

命宮見廉貞、天相與地空，這種結構優異嗎？當然啦，僅憑命宮的星曜仍不足以辨別命格的優劣。一個朋友讚嘆說：「古籍上說，廉貞爲官祿主，武曲爲財帛主，命見二星，富貴雙全、財官雙美，先天命格已經宜乎富貴，斗數果然比較厲害。」問題當然沒有那麼簡單，無論如何，我們別忘了三方諸宮的主輔諸星：

㈠事業宮在辰，武曲獨守。

㈡遷移宮在午，破軍獨守。

㈢財宮在申，紫微、天府與陀羅、火星坐守。

命盤所見，1/3的紫府廉武相兼5/5的殺破狼，六顆主星，論能量，當然旺極，屬於能者多勞型，心量寬廣，能容天下難容之事，承擔各種災福並被委以重任。紫府廉武相的星群照例需要輔弼的護持，見者「君臣慶會」，不見者「孤

太陽 癸巳	破軍 天鉞 甲午	天機 乙未	紫微 天府 陀羅 火星 丙申
武曲 壬辰	辛未年十月十一日亥時 男命		太陰 鈴星 丁酉
天同 文曲 辛卯	土五局		貪狼 擎羊 地劫 戊戌
七殺 天魁 庚寅	天梁 左輔 右弼 辛丑	廉貞 天相 地空 庚子 命宮	巨門（祿） 文昌（忌） 己亥

財宮雙帝坐守並形成火陀異格，表示他在財物支配上擁有一種特殊潛能，得以瞬間致富；當然還要一個條件，就是經商做生意，若是上班聽差，那就沒有發財的機會了。

在任何社會，致富的方式儘管很多，眞正擁有大量資產的卻甚爲稀少，原因何在？當然值得尋味。大致上說，走財運者亟思在財物上發揮，是否發財還要外境條件的配合，若缺乏一些助緣，也要乾瞪眼。

君」；由此觀之，曾某充其量只是一個孤君，擅長單打獨鬥而無法群策群力，個性的缺失讓這個命局遜色不少。

財宮火星與陀羅形成一組特別格局，叫做「異路功名」，顧名思義，並非循正常的管道而改以迂迴的方式前進，反而能夠殺出一條活路。曾氏是道光二十八年戊戌科進士出身，隨後選入翰林院當庶吉士，散館後授予檢討；太平天國崛起後，他銜命訓練湘軍，征戰大江南北，終於打垮太平天國，成為大清帝國的中興名臣，不但受到朝廷重用，而且封官晉爵（死後謚為文正），算是蠻吻合的。

在斗數經驗中，孤君向來只能單打獨鬥、自肯自得，絕非一個雄才大略之人；「曾氏屢創佳績，死後哀榮，這種勳業又是如何到手的？」誰說孤君不能締創彪炳功勳的？命理從未拒絕任何人出類拔萃。有人認為功成名就屬於君臣慶會、陽梁昌祿、火貪這些格局的專利，孤君只能看人吃香喝辣，事實並非如此；曾氏的功勳當與時代背景有關，他巧遇太平天國作亂，一般人遇不到那種機會，只好望穿秋水。

改朝換代之際，天命之說立刻騰之於眾人之口，一些有心人趁機編撰各種神異故事，試圖影響民眾的思考模式；時至今日，仍然有人從《推背圖》、《燒餅歌》（又稱《帝師問答歌》）、呂尚《萬年歌》、黃蘗《禪師詩》以及孔明《馬前課》中找尋一些關於總統的命運發展的蛛絲馬跡，然後宣告說：「看見沒有？我們角逐總統寶座，經書上都有記錄，乃是天命所歸。」

明朝陸粲在《庚巳編》書中記載了一個典型的範例：有個朱老爹原籍泗州，後來遷居濠州，他的房子靠近一座寺廟。某夜，廟裏的住持看見那棟房屋火光四射，不禁嘆道：「朱公是個大善人，上天怎麼忍心傷害他，把家宅燒個精光！」一個月後朱某到廟裏祈福，住持出來安慰，朱某赧然地說：「那天晚上沒有火災，是我老婆生了一個男孩啦！」這個男孩就是朱元璋。

朱元璋是未來皇帝，他的誕生不能沒有一些異象，問題是後來家道中落，無法謀生，只好淪爲乞丐，前述的異象又有啥路用！出生如此，死亡好像也不例外，《閒中今古錄摘抄》上說，元朝天曆戊辰年（一三二八年），西方七宿之一的婁宿忽然消失無蹤，朱元璋就在那年誕生；到了洪武戊寅年（一三九八年），婁宿又恢復光明，那年朱元璋駕崩。這個故事暗示朱元璋就是婁星投的胎，故能締創一個大明帝國。

誕生既已不凡，他的八字更應具有一番盛況，袁樹珊、徐樂吾都批過洪武大帝的命格，我們先看袁氏的論述：

戊辰
壬戌
丁丑
丁未

「土居四季，辰戌丑未順，陰陽貴全，故爲創業天子」，袁氏談的是朱元璋這個人而非這個八字，故難免偏頗。他引《窮通寶鑑》說，「辰戌丑未俱順行，帝王君命無疑」；既然確定朱某是「帝王君命」，往後只有努力套合那些事蹟了。

袁大師敘述說，年柱戊辰納音爲大林木，月柱壬戌與命宮癸亥納音都是大海水，日柱丁丑納音爲澗下水，時柱丁未納音爲天河水，四水一木，再以辰戌丑未四土培植，「焉有不喬木參天，林林總總者乎！」如此這般，確實無比壯觀。

徐氏的論法大同小異，他說：「四庫齊全，戊土偏旺，火土傷官，變為稼穡；秋土氣寒，以火為用，運行東南，大用以彰」。他確定朱元璋之所以飛黃騰達，乃是拜運走東南木火之賜，我看未必如此；此造既非火土傷官，也非稼穡格，而是棄命格（從勢格）；走南運（火）算是吉祥，走東運（木）則要還魂，將弄亂了人生的方向。

再笨的人都看得出，袁、徐討論的是朱元璋的命運，而非這個八字的干支結構；兩位大師忘了對其他同命者說明爲什麼他們不是皇帝，甚至連開一家小店都困難重重的原因。從另外的角度說，朱元璋之所以爲朱元璋，而非隔壁開飯館的老張（假設兩人八字相同），必有一些朱元璋有而老張沒有的條件，論命時應將那些條件和盤托出，藉以排除像老張那種凡俗之輩，才算客觀，否則光在八字干支中盤桓，等於說同命者都是大明皇帝。

袁樹珊後來還認爲那是一個化氣格，蓋日干丁與月干壬五合，火與水產生質變而化木，整個五行結構於焉改觀。他說：「霜降節後，陰陽會合，水乳交融，氣質必起變化，不復有本來的面目。」丁壬一旦合化為木，日主丁理所當然變成木，這一變化的後果相當嚴重，卻被大師忽略了。舉個例說，年柱戊辰由傷官變成財星，月干壬由正官變成印星，地支四庫悉數由食傷變成財星，改變之後，命運又該如何推論，好像沒有人關心；這個問題不解決，卻奢談什麼「辰戌丑未之四土栽者培之，焉有不喬木參天」，完全看不出他懂得命理。

野史上說，明朝還有兩個人與朱元璋同命，一為沈萬三，一為姚木鐸，前為江南首富，據說童年牧牛時撿到一個聚寶盆，從此富可敵國；後為丐幫六袋長老，在金庸筆下，這號人物能號令全國乞丐，權力不下於皇帝。古典命理學者指出，沈姚二人受到八字庇蔭，因而擁有與朱皇帝同樣的殊榮；現代命理沒有這種論法，除非確定當時的人口不足一百萬，否則只有三人同命的假設無法成立。

一個朋友捎來許桑的八字，乍看之下，就覺得命格有點特殊，但無論如何特殊，仍由許多人共用，我們絕不說「這是許桑的八字」，而只能說「其中一人為許桑」，否則就犯了與前代命理學者同樣的錯誤。

辛巳
癸巳
乙亥
壬午

乙日主（我）生於巳月失令，先天已經弱勢，難以承擔重任；但是印比有四，食傷財官也有四，似乎勢均力敵，一個相當中和的命，耽於安逸，只能一步一腳印地走著，若想躐等，阻礙跟著出現。

此造日主失令，只紮微根於亥（亥中藏甲），身弱無疑，先天上略遜一籌，恐怕無力承擔重任；依照五行調和的原則，身弱者當以印比為用，印透比藏，算是有力。由於根基淺薄，難以享用財福與名位（福澤並非綿遠），尤其巳亥一沖，基礎晃動，命運結構搖搖欲墜，無限制地虛擲福報，很快就告用罄。

八字論命還有一種特殊規則叫作「有煞先論煞」，指的是七煞透干，須先處理；「如何處理？」我們比較印比與財官之勢（食傷屬於閒神，不在比較之列），印比得其四，煞僅得其一，顯然身旺，此時反而急需財滋弱煞，年干的七煞則變成他的恩星。不過命中的財爲土，深藏地支之中（兩巳一亥均藏己土），辛也只紮微根於巳（巳中藏庚），這是用神短淺，想要屢創佳績，當然非常困難。

兩種論述的結論差異性甚大，獲致的成就也南轅北轍，何者爲眞，恐怕也會考倒人；我認爲兩者皆眞，但是有人選擇前者，有人選擇後者，因而造成個別成就的差異；從許桑的行爲看，他應入前者。

最近有個朋友質問道：「天命一出，四海歸順，瞎子見光，瘸子能走，固然美妙無比，問題是誰能證明？」答案是「沒有人」；此事純屬私相授受，不必證明（不證自明），也犯不著別人關心。我們不妨如此想像，多年以前，許桑登陽明山，在山巔極目遠眺，首都景象，瑞氣千條，也許此時獲得天啓，好像摩西在西奈山獲得上帝交代使命那樣，下山後毅然與黨決裂，試圖從困境中殺出一條血路；問題是脫黨後的情況更糟，從此缺少了政團的奧援，別說選舉，就算謀個一官半職都有困難。「從現實中看，許桑的總統夢幾乎已經幻滅了，他可能改弦易轍嗎？」四年前敵對的兩組人馬已經合而爲一了，人生的際遇本來就充滿變數，下列狀況其實也可能發生：

㈠民進黨提名他爲候選人，並全力支持。

㈡國親兩黨共推他爲候選人，並全力支持。

㈢另外籌組一黨，並自薦爲總統候選人。

一個朋友說，除非太陽從西邊出來，否則前兩項斷無可能；最後一項也許可能，他最近籌組了「民主聯盟學校」，能否發展爲一個政黨，還在未定之天。如果無法繼續發光發熱，那麼許桑將死了他的總統心；而他先前所說的「天命」，顯然「往事只能回味」，只有等下輩子再來完成了。他要是讀過下列這個故事，也許還會升起一股希望。

士子史冑斯年輕時參加鄉試，懷疑自己的前程有阻，聽說南門外的湯道士精通命理，於是前往請教。湯道士掐指一算說：「閣下若是丑時生人，終其一生只是一個秀才，但可以活到八十三歲；換成寅時生人，官至三品，今年就會高中。」

史某確定他生於丑時，湯道士說：「既然如此，今年鐵定名落孫山。」史某有點沮喪，心想這輩子大概別混了，湯道士安慰他說：「八字雖是固定的，命運則可以改變，如果你願減壽三十年，我將幫你改爲寅時。」史某點頭，他好像除了點頭之外，根本無計可施。

翌日五更，湯道士披髮仗劍，祭星拜斗，宣讀祭文，一泡老人茶的工夫後，大功告成。史某果然在當年中了舉人，隨後一路扶搖直上，累官到詹事府三品。歲月如梭，光陰似箭，很快就五十二歲了，他突然想起湯道士的話（湯道士此刻墓已成拱矣），霎時嚇出一身冷汗。他希望降級添壽，上級沒有答應，次年五月生了一場大病，藥石罔效，終於一命嗚呼。

這個故事是清朝學者袁枚寫的，收錄在《子不語》書中，從袁子才的道德學問來看，諒非杜撰，不過說是眞實，卻也難讓人置信。許多朋友都說，總統位高權重，得以號令三軍，支配一個國家的資源，値得減壽三十年來換取。不過許桑六十出頭了，他的陽壽必須在九十以上，否則就算當選了，上任不到兩個月就嗚呼哀哉，「出師未捷身先死」，那就划不來了。

占到一個總統

「既然卦象顯示誰當選，
他就能取得最後勝利嗎？」
答案是「不知道」；「為什麼？」
卦象雖然清楚，
卻不能作為論斷當選與否的依據，
因為卦並非候選人親自占的，
那只是從占卜者的觀點看待成敗；
候選人想要順利當選，
絕非別人說了就算。

我常開玩笑說，二十四小時之後發生的大事，我現在就能預知，那麼我將是世界上最有權勢的人。舉些實例，哪個總統將被暗殺、哪架飛機即將失事，以及樂透中獎號碼、股票與期貨的漲跌狀況，我都能捷足先登，那我若辦一份報紙，這些重大事項在清晨之前就被揭露出來，保證暢銷兩百萬份，成爲台灣第一大報；其他像簽六合彩，鐵定把組頭贏得跑路；簽樂透則連中一百期頭獎，中到煩死人。

「事實呢？」當然不可能，這個世界不曾誕生過這種異人，過去如此、未來也是如此。最近與朋友討論預言之祕，說到盡興處，他悄聲說，二〇〇〇年總統大選的結果，早在六十四年前就被預知了。我問：「誰這麼厲害？」他說：「前副總統陳誠呀！」

「陳先生已經去世幾十年了，他的屍骨也已被挖起來重新包裝，葬到高雄縣大樹鄉佛光山公墓去了；他又是如何從墳墓裏爬出來，向世人做此昭告？」

「這你就有所不知了。」朋友啜飲了一口凍頂烏龍後，緩緩地說：「丁丑年（一九三七年），陳家降生了一個小baby，取名履安，對不對？」

「那當然，這個後生後來青雲得路，仕途平順，一路扶搖直上，做過國科會主委、國防部長、監察院長等等，堪稱富貴雙全之人。最近幾年，他匯集了兩億多元到中國做生意，詎料馬失前蹄，錢花光了，生意卻無起色，只好宣布失敗。即使如此，他的名字又如何預告陳水扁將當選總統？」我依舊疑雲滿天。

朋友舒了一口氣後說：「詳細說來，有點繁瑣；陳水扁與呂秀蓮這一組的搭配叫做『陳呂配』，有別於連戰與蕭萬長的『連蕭配』、宋楚瑜與張昭雄的『宋張配』。關鍵應該在此，『陳履安』這個姓名不就在預言『陳呂，安』嗎？」所以朋友斬釘截鐵地說：「阿扁當選總統，在一個甲子之前就被宣告了。」

交到這種朋友，你會覺得三生有幸，因爲三不五時，他就會訴說一些他的奇遇，保證每一項都是聞所未聞，讓你拍案叫絕甚至驚慌失措。這次大選，他又看出什麼徵兆了嗎？這個朋友說：「其實早在去年八月間就揭曉了，你們這些人資賦愚昧，只能後知後覺，當然看不出什麼名堂！」

我問：「去年八月間，那不是連宋成軍的時刻嗎？泛藍成軍應該是極其自然之事，難道其中又蘊藏了天大的玄機？」

朋友說：「幾天之後，中部某縣的寺廟扶鸞時，出現『連任』兩字，泛綠的信眾於是確定阿扁連任乃是天命所歸，連神明都給你掛保證。」我說：「古代有四名學子連袂赴京考試，半途去卜個卦，卦師沒有說話，舉了一指，這個一指代表什麼？一人考中，一半考中，一人不中，一起考中，都含攝在內。『連任』兩字可以解釋爲『阿扁連任』與『連戰擔任』，無論結果如何，都是準確無比。」

他說：「我們把兩組人馬的姓氏做一排列，假設連宋在前，陳呂殿後，那麼就是『連送陳呂』，早已預言陳呂的勝出；現在我們把陳呂調到前面來，則是『陳呂連爽（宋）』，選舉的成敗，已經昭然若揭，不是嗎？」

我一時語塞，竟無法辯駁。

當然還有更玄祕的，上次總統大選揭曉的翌日，有一個精研易經的朋友興致勃勃地打電話說：「阿扁當選總統，投票前一週我就知道了。」我問他是如何辦到的，他露出得意的神色說：「當然是卦象呀！你不是也會占卦嗎？」

我要聲明一下，我研究的五行易與朋友研究的周易稍有不同，前者在卦上納甲，也就是裝上地支，從五行生剋中判別一件事的吉凶；後者沿襲了周易使用卦傳、爻傳的解說方式，具有悠久歷史而且紮實的理論基礎。歷代以來，研周易者多如過江之鯽，著作也是汗牛充棟，研五行易者爲數不多，流傳的古籍也只有《卜筮正宗》（明朝王洪緒著）與《野鶴老人占卜全書》（清朝野鶴著）等少數幾本。台灣坊間使用的占卜形式卻很多，包括米卦、龜卦、鳥卦、金錢卦、文王卦與廟裏的籤詩等等，不下二十種，不過只有極其少數與周易有關。

「卦就是卦，都從周易演變而來，既然如此，卻有那麼多的仿冒品，爲什麼？」西方哲學家說過，存在的必有理由，只不過許多現象爲何存在，我們始終懵懂；因此只能這樣說，有多少江湖術士，就有多少易卦形式。

我問：「你占到什麼好卦？」

他說：「澤山咸，二爻動，變澤風大過……」

我將此卦的五行易形式寫出來，排列如下：

應 -- 未兄弟
— 酉子孫
— 亥妻財
世 — 申子孫
× 午父母　亥妻財
-- 辰兄弟

按五行易的解卦模式，還需月支、日辰以及空亡等項加入，由於朋友未曾提示，我們暫且不論。子孫持世不盡然在暗示什麼，不妨當作占卜時的心態；二爻父母發動，這個動就有作用了，表示有一些偶發事件發生。五行易的規則是，動爻可對其他五爻造成生或剋的作用，其中生主吉、剋主凶，非常清楚：父母爻發動，含有兩層意義，一是生助兄弟、一是剋制子孫，世爻既爲子孫，當然不免受到剋制，顯示這個動對自己不利，用在選舉成敗上，恐怕很難當選。不過午化亥叫做「化回頭剋」，午雖有動來剋我之意，卻突然被銷解了，因而逃過一劫。

「既然如此，他能逢凶化吉，取得最後勝利嗎？」答案是「不知道」；「爲什麼？卦象不是寫得一清二楚嗎？」卦象雖然清楚，卻不能作爲論斷當選與否的依據，因爲這個卦並非候選人親自占的；我們只能這樣說，從占卜者的觀點看，他支持的候選人未必能夠順利當選。

朋友依據的是周易，從周易的卦傳分析，情況又有些不同，他說：「我的卦沒有那麼麻煩，打開周易讀本，上面記載了一些文字，看見沒有？『亨，利貞，娶吉』，『天地感而萬物化生，聖人感人心而天下和平，觀其所感而天地萬物之情可見』。你問我什麼意思？很簡單，此人運勢亨通，守持貞正，經營上可望獲利，娶妻可得良緣。」

我說：「從卦象看，那是在談事業經營的成敗，也許還涉及婚姻的關係，與總統選舉堪稱風馬牛不相及呀！」他說：「我說你外行，你果然外行；卦象都是寓意的，你必須能夠舉一反三甚至聞一知十，才能看穿任何一個事件背後的動機，進而辨別這次大選的成敗。」

明明在講經營與婚姻，卻能擴充解釋爲總統選舉成敗，爲什麼？一般人占問某事的吉凶，算準就到處宣揚，不準則嗤之以鼻，無論準與不準，似乎缺乏一個客觀的標準，例如我們眞的能夠斷準一事的吉凶，那麼準到什麼程度才叫準？有些占卜大師指出：「斷卦與算命、看相一樣，都受機率支配，頂多六、七成準而已，斷不準其實也不是什麼丟臉的事。」如此做爲下台階，我們也不反對；問題是沒有人肯探究準與不準牽涉的各種因素，而只想靠它賺錢，就算流傳到二十八世紀，大概還是目前這副德行。

朋友堅持他的理念，絕不妥協，他篤定地說：「卦不會自己說它準，而是占卜者根據後來的事實驗證的結果，作爲判別準與不準的依據；斷準了，當然沒話說，斷不準，則要考慮占卜中思緒是否短路（搖卦時被外物干擾）。」總而言之，占卜無罪，罪在個人。

他的說法我無法苟同，蓋缺乏一個推論的規則，無法成爲一門嚴謹的學問。

假設我們徵求某個城市、某條小街一百個住戶每戶一人，擇定投票前一週某個午夜十二時同時搖動三個銅錢，占問同一題目：「某某（他支持的對象）能否當選總統？」那麼就會出現一個有趣的問題：「一百個卦都將顯示此人當選嗎？」

這種事用膝蓋想，也知道不可能。

我們隨便擲個骰子，出現任何一個點數（例如是三），機率永遠是$\frac{1}{6}$；卦有六十四，出現其中一卦例如「火雷噬嗑」，機率是$\frac{1}{64}$；不過六個爻都會有一次變動的機會，而且一次不限幾個爻動，那麼根據一個卦來顯示一事的成敗，它的機率就是$1/64\times 6!$「那是多少？」$1/64\times 6\times 5\times 4\times 3\times 2\times 1=1/46080$。由此觀之，占到同一卦的機率堪稱微乎其微；所以從一百個人的卦中同時顯現某人當選（或落選），這種事不太可能發生。

進一步地說，支持阿扁的人可能占到阿扁勝出的卦；同理，支持連戰的人可能占到連仔勝出的卦，這種現象叫做「循業所見」——所見所聞，概與業識中的種子有關，進一步說，卦中顯示的任何吉凶福禍，都由業力來指導，符合「此有故彼有，此無故彼無」的定律。有人質疑道：「我占問股市行情、天氣概況以及朋友的疾病這些與我沒什麼瓜葛的事，仍有一些準確度，又是爲什麼？」既然證明無法從我的業中觀察出來，顯然只是猜測，反正不是吉就是凶，五比五，猜中也沒什麼了不起。

我的論證堪稱鐵案如山，想要瓦解，十分困難；這個朋友天縱英明，他也許眞的獲得周文王的神祕傳承，得以窺破各種天機。他把頭搖得像貨郎鼓：「我不管別人的答案是啥，我的卦顯示他會當選，票開出來，果然如此，這就是證據，你懂嗎？」這種人太厲害了，我無論如何都說不過他，就算鄭玄、邵康節或周敦頤出馬，也要甘拜下風。

二〇〇四年二月底，我打電話問他：「喂！總統大選投票在即，你看阿扁蟬聯的機率高嗎？」

他說：「台灣俗諺說得好，『毋是五月節都在綁粽子，何況五月節』，這是一件大事，我豈能坐視；我幫泛綠占了一卦，卦名『雷澤歸妹』，兌宮的歸魂卦，四爻動變，成爲『地澤臨』，坤宮第二卦。」

雷澤歸妹

地澤臨

我問：「卦象顯示的吉凶如何？」

他說：「根據周易記載，『歸妹，征凶，無攸利』，意思很明白，強求少女的婚嫁，不可能獲得利益。」

「從卦象看，好像在討論婚嫁的吉凶，而非關選局的成敗。」

「不，跟前面那個澤山咸類似，你必須舉一反三，才能看出事情的眞相。」

他說：「此次大選好像嫁女兒，你要是強求勝選，災難就會掩至。」

我問：「你的意思是泛綠將在險中求勝出嗎？」

他答：「原先的卦象當然就是如此；現在的問題是四爻變了，由雷澤歸妹變成地澤臨，四爻的變是什麼意思？答案『歸妹愆期，遲歸有時』，表示少女一旦延期出嫁，靜待吉時良辰，就會有好的歸宿；象傳上說，『愆期之志，有待而行也』（少女延期出嫁的心意，在於等待中完成），表示泛綠等待時機到來，就可以反敗為勝。」

我問：「所謂時機，指的是槍擊案嗎？」

他說：「此事屬於天機不可洩漏，你自己去想好了。」

總統候選人的命格

總統位高權重，統帥三軍、號令天下，
台灣俗話說，這個人「喊水會堅凍」，
唯一的缺憾是不再像
帝王那樣擁有生殺予奪之權；
他的權力來自人民，
競選過程，依舊艱辛備嚐，
飽受對手的攻擊，
每天向選民鞠躬作揖、聲嘶力竭，
不乏奴顏婢膝的鏡頭。

傳統祿命觀認爲，帝制時代的皇帝、東宮太子（備位皇帝）條件特殊，因此非有一個極佳的轉世因緣不可，若非紫微星投胎，就是武曲星下凡；等而下之的，軍機大臣、內閣大學士以及六部尚書、左右都御使也是人中之龍，通常來自天上的二十八星宿。《儒林外史》記述范進直到晚年才終於中舉，他的屠夫老丈人到處宣傳說，女婿是天上的文曲星下凡；現代天文學家指出，銀河系仙女座就有數千億顆恆星，讓其中一顆過來感應，等於異想天開。不過好像沒有人說他是月亮投的胎，因爲月亮就在眼前，要月亮消失幾乎是不可能的事。

歷史上做皇帝從此政通人和、歌舞昇平，非要極大的福報不可；那麼有些朝代風調雨順，有些朝代民不聊生，這種差異蓋由什麼因緣促成？舉個實例，乾隆與宣統一個是盛世皇帝，集尊榮、事功與權力於一身；一個是末代皇帝，登基三年就被趕下台，然後鬱鬱以終，待遇差別甚大，命理學者指出那是兩人的八字結構不同產生的結果。

是否如此，當有探討的必要；我們先看乾隆的八字：

辛卯
丁酉
庚午
丙子

天干庚辛丙丁，火煉秋金，地支子午卯酉，氣全四正，坎離震兌，氣貫八方，坐下端門，水火既濟；妙在子午沖，使午火不剋酉金，酉卯沖，使卯木不助午火，制伏得宜，包舉全局，宜其爲六十年太平天子。

上述爲乾隆年間學者任鐵樵先生的批文，他顯然對那位十全老人的治績十分滿意，因而只褒不貶；他隨後又說，「卯酉為震兌，主仁義之真機，子午為坎離，宰天地之中氣，且坎離得日月之正體，無消無滅，一潤一暄，坐下端門，水火既濟，所以八方賓服，四海攸同」，然後「金馬朱鳶，並隸版圖之內，白狼元兔，咸歸覆幬之中」，在位六十年，國運昌隆，文韜武略，成爲一個「十全老人」。

這種推論一面倒，盡挑好的說，恐怕難獲後世學者的認同；乾隆做皇帝只是八字的效果嗎？多數人異口同聲說，「當然未必」；他顯然受到一些特殊境遇的庇蔭，這種境遇屬於一個特性，僅此一家，別無分號。我們確信，他若不生在滿清皇族並被立爲太子，就不可能擁有此一至高的權力，從此「八方賓服，四海攸同」；換成一般人，說不定連鄰居都不服他。

命中比劫有三，食傷一財一官三，前三後五，身弱無疑；既然身弱，當然只能選取印比爲用。若能細察一番，發現此命帶了兩個致命傷，其一是地支全沖，根基不穩，生命歷程中，動盪難安，也欠缺一個中心思想；其二是無印，無印將無法獲得長上的提攜，唯靠比劫（兄弟姊妹）同甘共苦，撐起治國平天下的大任。若是一個尋常百姓，他們也許一輩子波動，半生經歷，概在奔波中；皇帝向稱「寡人」，他不可能像你我一樣結交三山五嶽、四海五湖的朋友，雖然孤獨無依，這種的孤看來比較不那麼嚴重（反正已經孤到底了）。

八字還有一個特殊論法，叫做「有官先論官」，比較印比與財官之勢，發現財官依舊勝於比劫，但日主紮有強根，不妨改用傷官駕煞，這是一種特別格局，動作與手段相當霹靂，成就的速度也快。

民初學者袁樹珊對此命也有一些敘述，內容依然圍繞在乾隆個人的身世上，他說：「通會謂五行俱足，又以支會子午卯酉，四柱純全，皆以位至王侯許之。」「通會」就是《三命通會》，明朝萬民英所編，袁氏提出古籍支持他的立論，堅持乾隆之所以位居王侯，學理紮實，難以動搖。

他進一步指出，「日干庚五行為金，年干辛與月支酉也是金，合計三金；月透丁火，時干見丙火，日支午火，合計三火；三火煉三金，大器鑄成，聲價必貴」，由此觀之，乾隆的成就在這些干支的生剋上已有定論。其實那種論法的缺點很多，也言不及義，因為這個世界還有許許多多人與乾隆同命，例如一九五一年八月二十七日子時生，八字排出，毫無二致，他們有幸讀了任袁二人的論述，不知該慶幸或該迷惘。

宣統是末代皇帝，歷史學者對他的評價不高，一般庶民的印象自然不會太優秀；民初學者徐樂吾先生對這個八字的評論，可以作為我們討論的題材：

丙午
庚寅
壬午
壬寅

庚金爲源而臨絕地，壬水無根，不能敵輿薪之火，《滴天髓》云，「五陽從氣不從勢」；生於立春後三日，戊土司令，寅午合局，丙火透出，從火旺氣，爲必然之勢。惜支成火局而不逢時，主名利虛浮。

徐氏指此爲「從火旺氣」，卻又嘀咕「支成火局而不逢時」，感覺非常奇怪。從生剋中看出，此造符合棄命的規則：一失令，二無根，三棄命後（放棄金水印比）只剩兩種五行，因此判定那是一個從兒格。在傳統觀念裏，從格的五行集中，將匯聚所有的力量攻獲名利重鎮，因此被視爲成就的保證。其實棄命只是另一種形式的順局，格局平穩，絕少沖激，談不上大成就。

「理論上說，棄命格都忌再逢印比，那麼月上庚與時上壬又該如何處置？」這個庚也是失令、無根，可以置之不論；古代大師指此爲「假從」，意思是「從格失眞」，成就略遜一籌。現代已無那種觀念，大約認爲那些印比將成爲命中大患，蓋行運乍見印比（尤其支見申酉亥子之類），就會回魂，造成印比與旺神交戰，從此永無寧日。

明朝八字典籍《滴天髓》主張說的「五陽從氣不從勢」，若只是引來壯大聲勢，那麼目的顯然已達；若想探問那是什麼作用，恐怕沒有人說得出來。所謂「主名利虛浮」（擁有一些虛名虛利），似乎只是一種酸葡萄心理，大師看準了溥儀的無能與懦弱，因而有此一說，而非一個公正論述。若以從兒格論，喜神木當令，用神火即將進氣，喜用得力，當有興發之機。徐氏說的「支成火局」指寅午半三合，此時雙寅都化為火了，命中只剩金水火三種五行，這當然昧於事實。

有人問道：「既然都是皇帝，按理說命格無分軒輊，事實不然，歷史上少有明君，卻不乏昏君，這是什麼緣故？」我答說：「皇帝也是人，人都有七情六欲與喜怒哀樂，明君與昏君的差別不在帝國大小，而在處理他們自己的情緒上；當那些大師說出『這是皇帝的命』時，已經不在討論這個八字，而是在討論這個皇帝的命。我們必須了解，弘曆也好、溥儀也好，他們做皇帝均由一些不共的條件促成，故與八字結構的優劣無關（若是有關，同命者都做皇帝去了），因此任何涉及好壞與高低的判別都是謬論。」

在清朝兩百六十八年的國祚中，乾隆光輝燦爛，宣統窮途末路，因此主觀上認定乾隆的運勢強過宣統，其實那只是以成敗論英雄的惡習。乾隆使用傷官駕煞，在特別格局的庇蔭之下，謀取名利，比較迅速，但是人生起伏較大，同樣無法避免飽受顛沛流離之苦；宣統爲棄命格，必須仰人鼻息，運程卻相對平穩得多，有一利必有一弊，人生就是如此。

我們若想觀察兩造的得失，應該探討弘曆生於盛世，而溥儀必須生在末代，那是什麼條件造成的；不過好像也沒有答案。

總統位高權重，擁有統帥三軍、號令天下的至高無上大權，台灣俗話說這個人「喊水會堅凍」，唯一的缺憾是不再像帝王那樣擁有生殺予奪之權；他的權力來自人民，競選過程，艱辛備嚐，每天向選民鞠躬作揖、聲嘶力竭，甚至不乏奴顏婢膝的鏡頭。

經驗法則指出，成大事、立大業者不能沒有一些異稟，用現代學術語言說，他們必須具備一些潛能，將那些潛能開發出來，據此攻城掠陣，終於締創了彪炳功勳。那麼請問：「李登輝、陳水扁兩位先生具備了嗎？」也許具備，也許沒有；「何以如此模稜兩可？」我們的看法是，總統雖由選舉產生，要讓六百多萬人投票給他，絕非一件簡單的事，命格若非特別優異，豈能臻於此境；此外福報必然十分渾厚，足以澤被全民，假若欠缺大福報，說不定連里長都選不上。

千禧年三月十八日下午三時，總統大選尚未計票，台港兩地的術士已經宣布了戰果，台北一家晚報說（晚報出爐時間約在下午二時許），宋某已經篤定當選了；香港的術士堅認連戰十拿九穩；台灣姓名大師則咸認陳水扁將穩操勝券。三個人分別押寶，自然有人押中，押中了欣喜若狂，到處宣傳他斷驗如神；摃龜者不是三緘其口，就是辯稱算命本來就只有六七成準。

在此之前，有個算命大師斷言，如果阿扁當選，兩年之內就會下台，這分明是信口開河，缺乏政治常識的譁話——除非遭遇特殊狀況（例如猝死或涉及內亂外患情事），否則元首做不到任期結束，知道有多嚴重嗎？術士不懂政治行情，想到哪就說到哪，完全不負責任。

二〇〇四年總統選戰已經塵埃落定，阿扁蟬連成功，自然值得慶賀。我們探討兩個八字並非想要知道勝負的原因，那是不可能也不具任何意義的（頂多只是馬後砲）；而是想探討兩個八字的優劣，瞧瞧做為國家領導人能夠勝任嗎？

先從阿扁的八字開始：

庚寅
丙戌
庚辰
庚辰

日主庚以戌中所藏的辛爲根，這是微根，紮微根的人根基淺薄、福澤有損，無法承受重任、分配社會資源，而面對諸多的困境時，自然無力扭轉乾坤。

相對說法是，他們只能承受較少的責任，分配較少的資源，並可能在激烈的征戰中慘敗，東山難以再起。尤其辰戌一沖，根基動盪（辰戌內所藏諸干均遭沖動），情況好像屋漏偏逢連夜雨那樣悽慘。

八字論命當然不能只論日主的強弱，而要全部干支齊論，方免掛一漏萬；此命印比高達六個，加上印星當令，加權〇．五，如此一來，這個身就超旺了，若非月上七煞透出（紮根於寅戌），將入專旺格（兩神成象），人生從此趨於緩和，過著安逸清閒的日子。

傳統取用法有一種「病藥論」，對症下藥的意思；地支二辰一戌，土重埋金為病，亟待木來疏土，以木為藥方，術語叫做「用財破印」，那麼木為用神、水為喜神，寅為木的本氣，水則藏於辰中，似乎都能作用。身既旺，當在食傷生財或財生官中擇一為用，命中食傷遁形（傷官藏於辰中），七煞透出，當以財滋弱煞為用。若按「有煞先論煞」，情況類似，仍以財滋弱煞為用。論命經驗指出，財煞為用的人積極進取，勇於冒險犯難，試圖從體制外殺出一條血路；努力加上機緣，成就將比在體制內優異。

日主（我）弱勢，理論上無力承擔重任，那麼讓他掌舵，豈非經常處於風雨飄搖中！從結構看，氣勢卻旺，這又是什麼道理？原來阿扁在別人的協助下，氣勢依舊如虹，鬥志依舊旺盛，可望據此大鳴大放。

「根基之弱一至於此，按理說他只能安於現狀而無法突破現狀，進而成就一番事業；如今相反，阿扁居然在此一高度競爭中拔得頭籌，道理何在？」仍是剛才那句老話，當選總統需要許多外境條件的配合，絕非光靠命格優異就辦得到。

從斗數的角度看，又是一番什麼景象（見293頁命盤）？

巨門與文昌同宮有個缺點，萬一走到辛運，巨門化祿、文昌化忌，祿忌同宮，將同時感受既吉又凶的矛盾作用。在某些行為上，吉凶與福禍穿插而來，有一吉必有一凶，不能讓他吃得太好，似乎也能絕處逢生；在政治或社會上，「名滿天下，謗亦隨之」，恐怕也是終生無法改變的事。這張命盤只是隱約描繪阿扁的一些命運狀況，他的性格原來就是如此，而非巨門、文昌害他如此。

仔細考察三方諸宮的狀況後，果然發現一些得失的蹤跡：

廉貞 貪狼 火星 辛巳	巨門 文昌 壬午 命宮	天相 陀羅 鈴星 地空 天鉞 癸未	天同 忌 天梁 文曲 甲申
太陰 甲辰	庚寅年九月×日辰時 男命		武曲 七殺 擎羊 乙酉
天府 地劫 己卯	木三局		太陽 祿 丙戌
右弼 戊寅	紫微 破軍 天魁 己丑	天機 左輔 戊子	丁亥

命格柔弱，反映出來的命運軌跡自然是弱勢的，似與阿扁的人生相去甚遠，究竟哪個關鍵出了問題？

其實命理描述的命運情況一直都是殘缺的、不足的，誰誤以爲它是完美的，就會感覺有點困惑，也永遠無法獲致一個完整的人生圖；命理結構相當粗糙，絕非一般人想像中那樣秀異。

（一）事業宮在戌，太陽坐守。

（二）遷移宮在子，天機與左輔坐守。

（三）財宮在寅，內無主星，輔星右弼坐守。

2/2的巨日兼2/4的機月同梁，前為主導，後為輔佐，生長曲線呈急促階梯發展，有點急躁，對於從事律師、立委這些工作顯然駕輕就熟；主輔星曜都是三顆，動力不算太高，無論能量（承載量）或者動量（慾望指數）都在中等以下，定性強於動性，普遍缺乏危機意識。

命中出現兩個空宮，一在合夥，一在財，分別呈現弱勢，他們想在此中積極發揮，自然無法得心應手。財宮空虛者忽視物質，享受馬虎，發財的慾念很低；福德宮象徵投資理財，這方面也是白紙一張，尤其遭忌侵入，就有層層障礙了。這些人想要致富，大概非靠福報不可，所幸阿扁過去做律師，現在任公職，均非商業買空賣空行為，缺點無緣暴露出來。

事業宮坐祿，一生的重心在此，他將積極投入事業經營，希望飛黃騰達的心甚殷，從此全力以赴，不達目的誓不罷休；也許基於這種理由，造就他以一個三級貧農之子的卑微身分而榮登總統寶座，在台灣民主發展上堪稱空前絕後。我們確信，其他同命者不見得都願意投身政治，那麼他們在各自的領域中發揮，積極進取，照樣能夠締創一些事功。

阿扁目前大限到亥，命宮一片空曠，此去十年，內心空虛、自制力弱，不言可喻；星曜都在外面牽引，故普受外境的作用，無論從事任何行業，都是優劣並存，優點是不固執己見，容易接受新知並配合別人，缺點則是缺乏主見，極易見風轉舵，無法堅持到最後五分鐘。

連戰先生連續兩次問鼎總統寶座均遭滑鐵盧，壯志未酬，令人喟嘆；我們從他的八字中看得出敗戰的軌跡嗎？答案當然是否定的。

丙子
丙申
辛巳
戊戌

官印高懸並紮有強根，根據傳統說法，有官有印，這種人既有職位，又能掌權，位高權重，令人稱羨；現代命理沒有那種見解，誰想支配社會資源，命格不能太弱勢，蓋命格一弱，只能以印比爲用而視財官爲畏途，也就富貴不了。

此造的優勢是日主當令，坐此強根，得以承受各種罪福，他的福澤看來比阿扁深厚一些。論命當然不能只論優點而忽視缺點，他的缺點是辛金以木爲財星，命中的財完全遁形，官無財生，術語叫做「孤官無輔」，欠缺奧援，後座力不足，居官不會長久。

就干支結構而言，印比有四，食神與官也有四，勢均力敵，古籍稱此「身官兩停」，意思是說，我的勢力足與官星抗衡，不輸不贏，維持在一個相對平衡的定點上；在八字經驗中，官星明朗、官資清顯，都是貴顯的象徵，自不待言。日主當令加權後，證實身稍旺，那麼他可在食傷生財、財生官中擇一而用，官星透出，當以財官爲優先。

由於命中無財，此時若用食傷生財，食傷將找不到一個依託之處，改用財官，則官無緣受生，都是生命中難以抹滅的遺憾。「連先生的命中無財，等於現實中無財，事實上他的家財萬貫（據說高達兩百億），爲何有此出入？從八字中顯示的生命歷程就不可靠了，是嗎？」

此事可以有兩種解釋方式：第一，這個世界擁有同樣的八字者，不止連戰一個；第二，命理中的財不等於現實中的財。究實地說，命理的財指可以充分支配或享用的物質，若只是擁有，那不能算他的財。當年連先生不小心吃一個五百元便當，就被罵得狗血淋頭，換成一般人（一個擁資百億的人），五千元的鮑魚、魚翅羹照吃，沒有人會眼紅。

有些朋友對於連戰的行爲十分不解，他們肯定地說：「我若有一億元，早就享受人生去了，怎還會戀棧官位，被人罵成臭頭呢？」類此之事，純屬個人的選擇而無一個定則，也許可以解釋爲「鐘鼎山林，各有天性」吧。

天干丙辛五合，丙爲正官，合官之人追逐功名的企圖心旺盛，多半鞠躬盡瘁，死而後已，「這是連先生亟思取得大位的動力嗎？」當然有此可能；天干五合有兩種形式，一種合官，一種合財，合官者愛官，合財者愛財，合官者試圖把官攬在身邊，這種人先天愛出鋒頭，以擁有名位爲己志，終生奮鬥而不悔。不過這個官必須是喜用神，才能受用，吃得下也睡得穩；若是忌神，好像抱個仇人睡覺，豈能安適。

排成斗數命盤（見299頁命盤），破軍與左輔在戌坐命，主輔諸星分布如下：

㈠事業宮在寅，貪狼與文曲坐守。

㈡遷移宮在辰，紫微、天相與陀羅、右弼坐守。

㈢財宮在午，七殺與擎羊坐守。

$3/3$的殺破狼兼$2/5$的紫府廉武相，當以前者爲主導，後者爲輔佐；生命曲線

天梁 癸巳	七殺 擎羊 甲午	乙未	廉貞 忌 鈴星 丙申
紫微 天相 陀羅 右弼 壬辰	丙子年七月十一日戌時 男命 木三局		地劫 天鉞 丁酉
天機 巨門 辛卯			破軍 左輔 命宮 戊戌
貪狼 文曲 庚寅	太陽 太陰 地空 辛丑	武曲 天府 火星 文昌 庚子	天同 祿 天魁 己亥

殺破狼加煞的結構強勢，這是眞殺破狼，當有一番盛況；萬一加吉星多，性格就柔和多了。大致上説，前者的人生呈急促拋物線，後者只是緩慢拋物線，與紫府廉武相接近，反映出來的人生當有一些差異。

此命雖見二煞，感覺有點剛烈，卻也照入三吉，那種霸氣將被溫柔遮蓋過去，變成柔中帶剛，溫柔敦厚而非咄咄逼人的樣子。

因而呈拋物線發展，承載力很大，得以承受各種災福。輔星五顆，數量中上；輔星象徵慾望，輔星多慾望高，經常起心動念，想這要那，人生多彩多姿。

進一步說，斗數的輔星計有兩種，一種叫六吉，一種叫六煞，前者主文，後者主武，其中羊陀性剛，具有百折不撓的精神，是一個相當執拗的人；輔弼具足了權謀、手段，處事待人，得以左右逢源；文曲富於詩詞歌賦、文學藝術等柔性氣質。從輔星結構看出，連戰允文允武，堪稱文武雙全，不失爲一個吉格。

經驗法則指出，殺破狼星群應見火鈴，以便形成火貪或鈴貪武格，紫府廉武相星群應見輔弼，以便形成君臣慶會文格；作爲主導的殺破狼不成其格，做爲輔佐的紫府廉武相反而成格了，這種現象無以名之，稱爲「意外的人生」可也。顧名思義，過程中做了一個看似微不足道的抉擇後，從此逸出常軌，進入一個特殊的領域；另外的說法，那是棄武就文。

「人生的內容十分複雜，選擇也是多樣性的，沒有人能夠確定哪種選擇才是正確的，既然如此，誰又能確定連先生等人的選擇是個意外？」上述解說也許不那麼周延，但別忘了命理提示的都是抽象概念，一個朋友因而指出：「既以君臣慶會為主導，那麼選擇穩定的公職也就不足為奇了；連先生一生奉公，沒有一天離開過工作崗位，堪稱盡忠職守，現在又以總統為追求目標，是否受到這種意外人生的作用？」我們應該難以否定。

六十三歲起大限到辰，紫相坐守，屬於紫府廉武相的星群，輔星雲集，氣勢很旺，急想重振昔日雄風，這點外人倒是可以想像。朋友問道：「壬辰大限屬於晚年之運，依照發過不再發的自然率，此去大約是一年不如一年了；那麼在生命中將呈現哪些不確定的軌跡？」

我們觀察祿忌牽引的位置，多少可以獲致一些答案。天梁化祿於父母宮，重心在於照顧尊親，晨昏定省，努力扮演一個孝子；武曲化忌於財宮，障礙出現於支配財物、享受財福上，俗稱走破財運，在此中發揮，非吃盡苦頭不可。不過前者屬於非意志範圍，恐怕無力觸及，後者則是意志事項，可以隱約掌握了一些財勢耗損的軌跡。

行運屬於後天的偶遇，仍然只是自己內心世界的想像；連戰與阿扁一樣，這輩子沒做過一天的生意，由於不去呼應財務、不經商理財，那些障礙不虞暴露出來。

「八字與斗數兩種不同的祿命式描述的人生，究竟幾分真實、幾分虛妄？」

這就一言難盡了；有個朋友甚至質疑道：「阿扁的八字財滋弱煞，氣勢非凡，一副咄咄逼人的模樣，斗數卻是吉星遍照，看來優柔寡斷、文質彬彬的樣子；由此觀之，八字描述的比較接近他的人格特質。」

連戰呢？他的情況恰恰相反，斗數描繪他的命運架構遠比八字眞切了。

即使如此，我們也不能因此咬定那些不明朗的面貌就是虛假的，那也許只是隱性的一面、不爲人知的一面。

❖

「祿命式超越了無限的時空，擺脫了有形環境的桎梏，讓知命理者得以直趨命運的神祕殿堂，進入高層次的祿命結構中，終於窺破命運的興衰；假設玉皇大帝眞的穿梭時空，指定地球上某人做總統，他卻落選了，你想靈霄寶殿那邊會怎樣？難道不會降下災禍嗎？」一個朋友如此說道。

當然沒那回事；若只想預言一個外境的成敗，保證無法得逞，問題是沒有幾個大師有此認知，舉目所見，都在預知成敗。台北一位葛某參選市議員，之前曾請某大師預測成敗，大師蓋章兼掛保證說：「安啦！保證擠入前三名（該選區將選出七人）。」他聽得心花怒放，回家等著放鞭炮；票開出來，居然高票落選，他頓時傻眼：「奇怪，不該準的卻準了，而該準的卻不準了，那也按呢生？」誰不該準卻神準？大師斷定同區某人必然落選；何事該準卻不準？當然是他自己落選。他可能反省自己的無知而斥責算命先生的無聊嗎？

封建時代的王親國戚、尚書藩台都是統治階級，民間宣傳他們都是天上星宿，那是民智未開時代的人的誤解；現代的選舉除非徒具形式，否則必然經過激烈的廝殺，成敗繫於他們的支持度，由此證明脫穎而出的既非紫微星投的胎，也未領玉皇大帝的諭旨。假設做總統需要一個所謂的總統命，做閣揆要閣揆命、做部長要部長命，甚至做乞丐也要乞丐命，那麼生而爲人，需要背負那麼多的歷史責任，豈能輕安自在！

【附錄】了無居士著作一覽表

我研究命理是從採訪一則新聞開始的，當年想要了解何謂「孤鸞年」而採視一名江湖術士，他的解說不合我意，於是跑去書店翻書，發覺那些古今命書盡說一些江湖諢話，也無法說服我。我急想找個專家商量，一時之間卻不知專家在哪裏（深入研究後才發現這個行業根本沒有專家）；最後決定自己動手，買了幾本古書日夜鑽研，發現命理的問題錯綜複雜，果然比想像中還要嚴重。

從社會科學的標準看，那些被命理界標榜的先天祕笈、先師抄本、八代祖傳以及各派教本充其量只是一些私人經驗，其中不乏異想天開、信口開河者，遷就個案、昧於事實，不但通不過方法學的檢證，而且不符現實人生的際遇。那些書冊儘管被視為不傳之祕，在我看來，固値不了幾文錢也。

我研究命理向來都是單槍匹馬、直搗黃龍，趨入命理的神祕殿堂，似乎因為缺乏師門的奧援而只能暗中摸索，一路走來，艱辛備嚐；好處當然也不少，我把那些戒律與人情世故一腳踢開，覺得不合理的就無情地抨擊。西方學術界對知識非常堅持，對就是對、不對就是不對，絕不通融，這也是我心所嚮往的境界。後來我驚覺如此砍砍殺殺，充滿暴戾之氣，光破壞而不知建設也不符我的處世原則，於是撰文鼓吹正確的命理觀念，試圖建立一套嶄新的推論技術，把研究導入正軌，迅速脫離江湖算命的暴風半徑。

二十幾年的辛勤耕耘，成果頗爲豐碩，下列著作歡迎參閱並提出指正：

【八字系列】

- ■《現代人的八字》（高雄河畔版，一九九二年增訂）
- ■《八字的世界》（高雄河畔版，一九九二年增訂）
- ■《子平眞詮現代評註》（龍吟一九九二年版）
- ■《用神精華現代評註》（禾馬一九九五年版）
- ■《命理一得現代評註》（禾馬一九九五年版）

■《滴天髓闡微現代評註之一》（大冠二〇〇三年版）
■《滴天髓闡微現代評註之二》（大冠二〇〇三年版）
■《滴天髓闡微現代評註之三》（大冠二〇〇三年版）
■《滴天髓闡微現代評註之四》（大冠二〇〇四年版）
■《蘭臺妙選現代評註》（大冠二〇〇四年版）

【斗數系列】

■《紫微論命》（高雄河畔一九八四年版）
■《現代紫微》（共七冊，龍吟一九九三年增訂）
■《紫微改錯》（龍吟一九八七年版）
■《明天他們將做什麼？》（時報一九八八年版）
■《斗數宣微現代評註》（上下兩冊，時報一九八九年版）
■《木刻版陳希夷紫微斗數全集現代評註》（時報一九九〇年版）
■《斗數疑難100問答現代篇》（時報一九九一年版）

■《斗數疑難100問答古典篇》（時報一九九一年版）
■《看誰在主宰台灣》（龍吟一九九二年版）
■《紫微論命不求人》（時報一九九二年版）
■《立委選戰，鹿死誰手》（龍吟一九九二年版）
■《星空燦爛——技術分析篇》（時報一九九三年版）
■《紫微之路之江湖傳奇》（禾馬一九九四年修訂版）
■《紫微之路之煙花傳奇》（禾馬一九九四年修訂版）
■《紫微之路之鴛鴦傳奇》（禾馬一九九四年修訂版）
■《命理無理》（時報一九九五年版）
■《紫微桃花》（禾馬一九九五年版）
■《祕咒揭開——斗數骨髓賦現代評註》（上下兩冊，時報一九九七年版）
■《陳希夷檔案之命盤解碼》（蓮花一九九八年版）
■《陳希夷檔案之星群解析》（蓮花一九九九年版）
■《陳希夷檔案之推論解說》（蓮花二〇〇〇年版）

【其他部分】

■《關公做天公》（高雄河畔一九八一年版）
■《現代命理現代人》（共五冊，天相絕版）
■《揭開鐵板神數的祕密》（龍吟一九九四年版）
■《當陳希夷遇到董慕節》（龍吟一九九四年版）
■《推背圖是假的》（禾馬一九九五年版）
■《豬哥亮娶某》（禾馬一九九五年版）
■《推翻姓名學》（禾馬一九九七年修訂版）
■《陰間遊覽車》（禾馬一九九七年修訂版）
■《顛覆命運》（蓮花一九九八年版）

讀者朋友若有任何的疑難雜問，敬請在下午時間用電話（07-333-1219）聯絡，跟我聊過的朋友都知道，我對命理問題向來是來者不拒、知無不言的。不過我們約法三章，只能討論研究中遭遇的疑難而不解說個人的命運得失，蓋每個人都要我替他電話算命，非累垮不可。我還在網路上發表了一些精采的命理文章，敬請搜尋「軒轅大帝」，或直接進入該網站，網址爲www.great-emperor.com，將有意想不到的收穫。

命理與人生⑫⑨

天命所歸

作　者—了無居士
主　編—心岱
編　輯—郭玢玢
董事長—孫思照
發行人
總經理—莫昭平
總編輯—林馨琴
出版者—時報文化出版企業股份有限公司
108台北市和平西路三段二四〇號三樓
發行專線—(〇二)二三〇六—六八四二
讀者服務專線—〇八〇〇—二三一—七〇五・(〇二)二三〇四—七一〇三
讀者服務傳眞—(〇二)二三〇四—六八五八
郵撥—〇一〇三八五四〇時報出版公司
信箱—台北郵政七九～九九信箱
時報悅讀網—http://www.readingtimes.com.tw
電子郵件信箱—ctliving@readingtimes.com.tw
美術編輯—高鶴倫
校　對—了無居士、郭玢玢
印　刷—偉聖印刷有限公司
初版一刷—二〇〇四年八月十六日
定　價—新台幣二三〇元
⊙行政院新聞局局版北市業字第八〇號

國家圖書館出版品預行編目資料

天命所歸 / 了無居士著. --初版. --
臺北市：時報文化, 2004〔民93〕
面；　公分．--(命理與人生；129)

ISBN 957-13-4175-4(平裝)

1. 命書

293.1　　　93014090

ISBN 957-13-4175-4
Printed in Taiwan

編號：CB0129	書名：天命所歸
姓名：	性別：________ 1.男　2.女
出生日期：　年　月　日	身份證字號：

________ 學歷：1.小學　2.國 中　3.高中　4.大專　5.研究所（含以上）

________ 職業：1.學生　2.公務（含軍警）　3.家管　4.服務　5.金融　6.製造　7.資訊　8.大眾傳播　9.自由業　10.農漁牧　11.退休　12.其他

地址：________ 縣（市）________ 鄉鎮區 ________ 村 ________ 里

_____ 鄰 _____ 路（街）_____ 段 _____ 巷 _____ 弄 _____ 號 _____ 樓

郵遞區號 ____________

（下列資料請以數字填在每題前之空格處）

______ **購書地點／**
1.書店　2.書展　3.網路　4.郵購　5.直銷　6.贈閱　7.其他______

______ **您從哪裡得知本書／**
1.書店　2.報紙廣告　3.報紙專欄　4.雜誌廣告　5.親友介紹
6.DM廣告傳單　7.其他______

______ **您希望我們爲您出版哪一類的命理作品／**
1.紫微斗數　2.八字　3.風水　4.手相面相
5.西洋占星　6.易經八卦　7.其他______

______ **您對本書的意見／**
內容／1.滿意　2.尙可　3.應改進
編輯／1.滿意　2.尙可　3.應改進
封面設計／1.滿意　2.尙可　3.應改進
校對／1.滿意　2.尙可　3.應改進
定價／1.偏低　2.適中　3.偏高

您希望我們爲您出版哪一位作者的作品／

____

您的建議／

____

____

請沿虛線撕下後對折裝訂寄回，謝謝！

寄回本卡，掌握命理與人生的最新出版訊息。

命理與人生

滿足您對多彩人生的好奇

地址：108台北市和平西路三段240號3樓
讀者服務專線：080-231-705．(02)2304-7103
讀者服務傳真：(02)2304-6858
郵撥：0103854 0 時報出版公司

請寄回這張服務卡（免貼郵票），您可以——

- 隨時收到最新消息。
- 參加專為您設計的各項回饋優惠活動。

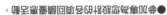